河南经济文化问题研究

HENAN JINGJI WENHUA
WENTI YANJIU

郭立珍 著

科学技术文献出版社
SCIENTIFIC AND TECHNICAL DOCUMENTATION PRESS
·北京·

图书在版编目（CIP）数据

河南经济文化问题研究/郭立珍著．—北京：科学技术文献出版社，2017.12

ISBN 978-7-5189-3708-0

Ⅰ.①河… Ⅱ.①郭… Ⅲ.①区域经济发展—研究—河南②地方文化—文化事业—发展—研究—河南 Ⅳ.①F127.61②G127.61

中国版本图书馆 CIP 数据核字(2017)第 299658 号

河南经济文化问题研究

策划编辑：曹沧晔　　责任编辑：曹沧晔　　责任校对：赵　瑗　　责任出版：张志平

出 版 者　科学技术文献出版社
地　　址　北京市复兴路 15 号　邮编 100038
编 务 部　(010)58882938，58882087(传真)
发 行 部　(010)58882868，58882874(传真)
邮 购 部　(010)58882873
官方网址　www.stdp.com.cn
发 行 者　科学技术文献出版社发行　全国各地新华书店经销
印 刷 者　三河市华东印刷有限公司
版　　次　2018 年 1 月第 1 版　2018 年 1 月第 1 次印刷
开　　本　710×1000　1/16
字　　数　220 千
印　　张　13.5
书　　号　ISBN 978-7-5189-3708-0
定　　价　43.00 元

前 言

河南地处九州之腹，故有“中州”之称；横跨中部黄淮大平原，又有“中原”之谓；大部分地区位于黄河以南，故名“河南”。河南作为中华民族与中华文明的重要发祥地，是中华民族根之所在、脉之所维，数千年间政治安危关乎天下兴亡，经济起伏关乎国家强弱，文化盛衰关乎民族荣辱，司马光所言“若问古今兴废事，请君只看洛阳城”就是生动写照。数千年来中原文化在传承中创新、创新中传承，仁爱忠信观念、天下大同气概、天人合一远见无不体现着中国古代政治、经济、文化发展理念，无不渗透到中国人的生活方式、伦理道德、风俗习惯、价值观念中，也是社会主义核心价值观体系的源泉。当前河南不仅是中国第一人口大省、第一农业大省，新兴工业大省、劳动力输出大省，而且是国家经济发展的重要增长极，在国家粮食生产核心区、中原经济区、郑州航空港经济综合实验区三大国家战略规划基础上，中国（河南）自由贸易试验区、中国（郑州）跨境电子商务综合试验区、郑洛新国家自主创新示范区、国家大数据综合试验区等国家战略平台密集获批，河南正聚焦“三区一群”打造带动全国发展的新增长极，因此对河南经济文化问题进行研究不仅具有理论意义还具有现实价值。本书共分三篇，即“经济篇”“文化篇”“文化与经济篇”。

经济篇主要对河南省粮食消费结构变迁与河南农村消费结构升级两个问题进行了深入研究。国以民为本，民以食为天，粮以安为先，粮食安全问题一直是我国历届政府关注的重要民生问题，河南既是粮食生产大省也是粮食消费大省，还是国家粮食生产核心区，承担着保障国家粮食安全的重任。《河南省粮食消费结构变迁探析》一文主要对2000年以来在居民收入水平提高、人口规模扩大、城镇化建设速度加快等因素的影响下，河南粮食消费结构发生的显著变化进行了探究。在当前形势下，河南应根据城乡居民消费需求结构的变化，积极推进粮食及其相关产业的供给侧改革，满足居民粮食的绿色、安全、品质消费。

扩大国内消费需求是我国经济发展的长期战略，而扩大国内消费需求的最大潜力在农村，河南省是中国第一人口大省、第一农业大省，如何进一步激活农村消费市场，优化农村居民家庭的消费结构、扩大农村的消费需求不仅是河南经济工作的重要着力点，也关系到国家扩大内需战略的成效。《河南农村消费结构升级及其驱动机制探析》一文对1998—2016年近20年河南农村居民家庭的消费结构升级情况进行了探讨，揭示出制约农村居民家庭消费结构进一步升级的主要因素。

“文化篇”主要对河南省教师文化、河南中小学教师文化建设现状、高校优化校园文化建设路径、高校构建绿色教育体系的路径四个问题进行了深入探究。

教育为立国之本，而教育的发展教师是关键，教师文化素质关系到教育质量的提升。《角色认同与职业操守——河南省教师文化建设的反思与重构探析》一文首先对选择的样本学校教师的角色认同与职业操守现状进行了深入调查和分析，然后揭示出存在的主要问题及成因，最后对河南省教师文化进行了反思并提出了优化建议。

中小学教育是教育事业发展的基石，河南省要培养出高质量的人才就需从基础教育抓起，而中小学教师文化建设影响甚至决定着基础教育的质量及教育教学改革的成败。《河南中小学教师文化建设现状及对策研究》一文对河南中小学校教师文化建设现状及存在的问题进行了深入研究，河南省中小学教师文化建设虽取得了一定成绩，但也存在需要改进的地方，如对教师文化建设重视程度不够、教师合作文化建设不足、教师教育理念更新较慢、城乡教育发展不平衡等。优化教师文化环境是全社会的事业，需要学校、家长、社会的密切配合，不仅要充分发挥教育行政部门的主导作用、学校的主体作用，而且还要立足于中原文化，营造一个尊师重教的社会文化氛围。

文化是一个国家或民族的灵魂，高校不仅肩负着为社会经济发展提供智力、人才支持的使命，而且是先进文化传承与创新的高地。大学生就业压力大、道德文化建设滞后等影响着国民综合素质的提高，且国际上节能减排压力日增，对高校校园文化体系进行优化创新不仅必要还非常迫切。《高校优化校园文化建设的路径探析》一文对我国高校如何优化校园文化进行了探讨。

发展绿色经济，缓解日益严重的能源、资源、生态、气候等危机是世界经济发展的必然趋势，而推进绿色经济发展不仅需要技术创新的支撑，还需要教育教学、法律法规、文化观念等绿色化发展的支持。《高校构建绿色教育体系的路径探析》一文对如何将绿色理念融入高等教育教学中进行了探索。

"文化与经济篇"主要对我国低碳消费文化建设路径、我国低碳城市文化支撑体系构建、洛阳旅游低碳文化建设、河南创业文化建设与中原文化的融合、豫浙文化差异对区域创新创业发展的影响五个问题进行了探讨。

消费文化影响甚至决定着消费者的思想和行为，能否形成健全的低碳消费文化对发展低碳经济至关重要。《我国低碳消费文化建设路径探析》一文对我国低碳消费文化建设的基本原则、基本条件、路径进行了深入思考。

创建低碳城市是我国实现生态文明、美丽中国发展目标的重要着力点，而建设低碳城市不仅需要能源、经济、技术等低碳化发展的支持，更需要低碳文化建设的支撑。《我国低碳城市文化支撑体系构建的反思》一文以 2011 年经济日报社、国家发改委等国家部委评选出的十大低碳城市为中心，对我国低碳城市评选体系中的文化指向、十大低碳城市文化支撑体系进行了反思，并针对建设中存在的问题提出了改进建议。

创新创业日益成为一个国家或地区经济发展的重要驱动力，鼓励创新创业已成为包括我国在内很多国家的重要发展战略。区域文化对创业文化的形成与发展产生着重要影响。《河南创业文化建设与中原文化的融合探析》一文对创业文化的特征与功能、中原文化对河南创业文化建设的影响以及如何把中原文化融入河南创业文化建设中进行了探究。

低碳化是国际旅游业可持续发展的基本趋势，而旅游业低碳化发展不仅受制于基础设施等硬环境的约束，更受制于文化环境的软约束。对于旅游文化名城、具有丰富旅游资源的洛阳而言，推动旅游业低碳化发展，不仅是提升国内外竞争力的选择，还能带动相关行业的低碳化转型。《洛阳旅游低碳文化建设浅析》一文对洛阳旅游景区低碳化建设取得的主要成绩、存在的主要问题进行了调查研究。

创新创业文化是创新创业活动发展的内在支撑，而创新创业文化又植根于特定民族文化、区域文化土壤之中，具有鲜明的民族性、区域性。河南的创新创业水平一直落后于浙江，造成这种局面的原因是多方面的，其中区域文化差异是关键因素。《豫浙文化差异对区域创新创业发展的影响研究》一文，首先对豫浙文化的基本特征进行了比较，然后对豫浙文化对区域创新创业产生的影响进行比较，河南人受“官本位”“求稳怕变”“安贫乐道”等思想影响较深，对西方现代企业管理理念的吸收借鉴不足，对规则、法律、市场化运作等重视不够，制约着企业家人格的培育。浙江文化具有开放、冒险、创新、合作等特征，更有利于企业家人格的培育。建议河南从借鉴浙江文化建设经验、立足于中原文化优势、加强创新创业教育、营造鼓励创新宽容失败的社会文化环境等几个方面入手培育创新创业文化。

目 录

经济篇

文化篇

经济与文化篇

图表目录

01

经济篇

河南省粮食消费结构变迁探析

一、研究理论基础和文献综述

（一）研究目的和意义

国以民为本，民以食为天，粮以安为先，粮食问题永远是人类生存发展面临的首要问题。我国是世界上粮食最大的消费国，每年消费量要占到世界粮食消费总量的1/5，占世界粮食贸易量的2倍多①。也因此，粮食安全问题一直是我国历届政府关注的重要民生问题，而要确保粮食安全，就必须关注国内外粮食消费需求结构及其变化趋势，尤其是国内粮食消费结构的变化。改革开放以来，在居民生活水平不断提高及人口规模不断扩大等因素的影响下，中国粮食消费结构发生了显著变化，且在未来一段时间内影响中国粮食消费结构变化的因素将更趋复杂，粮食消费刚性增长与粮食供给约束趋紧间矛盾将进一步彰显，即人口规模将持续扩大，而影响粮食供给持续增长的因素短时期内很难有实质性改变，如耕地减少与土壤退化、水资源短缺与水质污染、农业人才不足等因素都不利于粮食供给规模的持续扩大。河南既是粮食生产大省也是粮食消费大省，是国务院批准的国家粮食生产核心区，承担着保障国家粮食安全的重任。河南用占全国1/16的耕地，生产了全国1/4的小麦、1/10的粮食，除满足本省1亿多人口的粮食消费外，每年还向国家贡献200亿斤以上的商品粮及其制成

---

① 韩俊．中国人的饭碗必须牢端在自己手中［EB/OL］．http：//www. qstheory. cn/zxdk/2013/201308/201304/t20130412_ 222737. htm.

品①，为确保国家粮食安全做出了巨大贡献。近年来，对河南来说，粮食消费面临着新的社会需求，粮食生产也面临新的发展机遇，如在国家粮食生产核心区、郑州航空港经济综合实验区、中原经济区三大国家战略规划基础上，中国（河南）自由贸易试验区、中国（郑州）跨境电子商务综合试验区、郑洛新国家自主创新示范区、国家大数据综合试验区等国家战略平台也密集获批，这些平台的建设将成为引领带动河南经济社会发展的重要引擎。该课题研究不仅具有理论意义，还具有现实价值：一是目前针对河南省粮食消费结构变迁问题进行深入研究的成果较少，该课题研究能对促进河南粮食消费理论及其相关问题研究起到抛砖引玉作用；二是河南粮食的供需平衡对保障国家粮食供需平衡以及粮食安全发挥着重要作用，运用消费经济学理论、定性与定量相结合方法、微观与宏观理论相结合方法对河南粮食消费结构及变化情况进行深入研究，对及时掌握河南粮食消费需求结构变化，加强粮食供需的宏观调控都具有参考价值；三是还能为河南制定适应市场需求的粮食生产、流通等相关政策提供借鉴。

（二）文献综述

20 世纪 90 年代以来，我国学者对粮食消费问题进行研究取得的主要成果有：王巧军（1997）指出粮食消费结构的变化为：口粮是粮食消费的首要项目，饲料用粮在粮食总消费中的占比仅次于口粮，加工用粮也是粮食消费的重要项目，种子用粮是粮食消费中不可缺少项目，粮食损耗量一般与粮食消费的总量呈正相关。吴慧涵（2000）指出我国粮食结构不尽合理，城乡居民口粮消费的比重过大，加工用粮、饲料用粮的比重较小。李世明（2002）认为我国口粮消费稳中有降，饲料用粮需求量大增，工业用粮扩大。潘月红（2004）提出我国粮食消费情况：人均口粮消费量逐年下降，但全国粮食消费总量平缓增加，饲料用粮、加工用粮不断增加，种子用粮较为稳定。总之，我国学者对粮食消费结构方面的研究呈现以下两个特点：一是成果集中于现状及趋势的宏观描述，大多数学者认为我国粮食消费中口粮消费逐渐下降，饲料用粮、工业用粮消费呈增长趋势；二是成果集中于21 世纪初，对河南粮食消费结构问题进行研究的

① 粮食丰天下安河南建设国家粮食生产核心区“实打实”［EB/OL］. http：//henan. people. com. cn/n/2015/1030/c357032 ~ 26973167. html.

成果很少，是粮食消费问题研究中较为薄弱的环节。

（三）基本概念界定

1. 消费与消费结构

消费是人类生存与发展的基本条件，社会再生产过程的重要环节，可分生产消费与生活消费。与本文研究相关的主要概念还有消费结构和消费需求结构。

消费结构与消费需求结构二者既有区别又有联系。消费结构是指在一定的社会经济条件下，人们（包括消费者和消费集团）在消费过程中所消费的各种不同类型的消费资料（包括劳务）的比例关系。消费结构有实物和价值两种表现形式，实物形式是指人们在消费过程中所消费的各种使用价值的种类及数量的比例关系，价值形式是指人们在消费过程中以货币形式表现出的各种商品和劳务价值的比例关系。消费结构通常反映一定时期内个人和社会所拥有的、已经进入实际消费过程的消费品和劳务的数量及比率，是指消费需求结构中已实现的部分，是人们所达到的消费水平的重要标志。

消费需求结构是指在一定时期内人们希望获得的各种消费资料（包括劳务）之间的数量和比例关系。消费需求是一种尚未实现的消费需要，消费需求结构表现为潜在的消费能力，有转化为现实消费的可能。

消费结构与消费需求结构的关系从消费结构的演进过程能体现出来：一是本期的消费结构反映上期的消费需求结构，消费需求结构在一定程度上可由消费结构在不同期间的变化体现出来，只要经济增长是持续的、稳定的，居民的收入水平稳定，本期的消费结构基本上能反映上期的消费需求结构；二是消费需求的实现程度决定消费结构的演进路径。消费结构的演变依赖于消费需求在市场上的实现，如果消费需求的实现受阻，消费结构的演变就不能顺利实现。如果一些非收入因素（如供给的结构性障碍、垄断价格的存在等）对消费需求形成抑制，居民因收入提高而产生的消费需求就不能得到充分实现。因此，消费需求结构在实现过程中的变动影响消费结构的变动。

2. 粮食与粮食消费结构

中国的粮食概念与国际通行的粮食概念有一定差异，有必要首先进行界定。中国学者对粮食的界定有广义和狭义之分，狭义上的粮食是指谷物，主要包括稻谷、小麦、玉米、大麦、高粱等；广义上的粮食包括谷物类、豆类、薯类等。国家统计局是从 1953 年起采用广义上的粮食概念对我国每年粮食生产的总量进行统计的。联合国粮食及农业组织（FAO）的粮食概念是指谷物，包括小麦、粗粮、稻谷，其中粗粮又包括玉米、大麦、高粱等，即把中国广义上的粮食总产量减去豆类和薯类的产量就是联合国粮食及农业组织所说的谷物产量。

中国粮食消费可划分为两大类型、四大用途、四大品种。两大类型是指食物用粮与非食物用粮，其中，食物用粮是指直接和间接满足人们对食物消费需要的粮食，食物用粮又可分为口粮、饲料用粮两大用途。非食物用粮是指非直接或间接满足人们对食物消费需要的粮食。非食物用粮又分为种子用粮与工业用粮两大用途。由上所述可以看出粮食的四大用途即：口粮、饲料用粮、工业用粮、种子用粮，其中，工业用粮是指用粮食作为主要原料或辅料的生产行业（如食品、酒精、淀粉等行业）所用粮食的统称，不包括饲料行业用粮。

所谓粮食消费结构是指在粮食被消费过程中按照不同的分类标准进行分类所得到的比例关系及构成状态。在中国的粮食消费构成中，稻谷、小米、玉米、大豆约占90%，所以又称粮食消费的四大品种。

二、河南省粮食消费结构分析

（一）2000年以来河南粮食消费结构变化趋势

改革开放以来尤其21世纪以来，河南人民随着经济的发展，收入水平的提高，饮食消费观念的变化，消费结构得到不断优化升级，在粮食消费结构上也有体现。

1. 口粮消费分析

一个国家或地区的口粮消费需求总量主要取决于该国家或地区居民收入水平、人口数量等。在口粮消费中，河南人以小麦、稻谷、玉米为主要粮食。城市居民与农村居民的食品消费结构因收入水平、消费观念等不同存在较大差异，也因此城乡居民对粮食消费的种类和数量也不同。由表1我们能看出，2001年以来河南城镇居民人均口粮消费低于100公斤，2006年仅为85.8公斤；而同时期河南农村居民人均消费的口粮数量显著下降，由2001年的224.8公斤，至2009年下降到188.5公斤，但是农村居民消费的口粮仍是城市的1倍多，2001年农村居民人均口粮消费量是城镇居民的1.3倍，2010年农村居民人均口粮消费量仍是城镇居民的1.1倍多。

表 1 2001—2010 年河南城乡居民口粮消费总量

年份	人均消费口粮（公斤）		人口（万人）		居民人均消费量（公斤）	消费总量（亿斤）
	城镇	农村	城镇	农村		
2001	99.2	224.8	2334	7221	194.2	371.0
2002	92.2	238.2	2480	7133	200.5	385.5
2003	94.8	237.5	2630	7037	198.7	384.1
2004	92.4	237.8	2809	6908	195.7	380.4
2005	87.2	211.6	2994	6774	173.5	338.9
2006	85.8	211.3	3189	6631	170.6	335.0
2007	90.5	206.0	3389	6480	166.3	328.3
2008	92.6	197.8	3573	6345	159.9	317.1
2009	90.7	194.4	3758	6209	155.3	309.6
2010	88.8	188.5	3947	6069	149.2	298.8

资料来源："十二五"期间河南粮食产需平衡分析预测［EB/OL］. http://ccced.ncu.edu.cn/itemInfo.do? action = showItemInfo&infono = IC1200000002。

由上表能看出，随着河南省城乡居民人均消费口粮数量的降低，河南居民消费的口粮总量也呈不断减少趋势，即有 2001 年 371 亿斤到 2010 年减至 298.8 亿斤，减少了 19.5%。河南城乡居民人均口粮消费量的降低是多种原因共同作用的结果，其中非粮食消费对粮食消费的替代规模越来越大是主要原因，包括瓜类、水果类食物消费数量的增多对口粮消费的替代，在外用餐次数的增多对家中口粮消费的替代，加工类、方便性食物消费的增多对原粮消费的替代等。从实质来看，居民收入水平的提高是造成河南城乡居民口粮消费降低的根本原因，收入水平越高的家庭非粮食消费对粮食消费的替代规模就越大，但居民收入达到一定水平后这种替代作用就开始下降，如河南城镇居民因整体收入水平高于农村居民，2010 年以来口粮消费量已经比较稳定，由表 2 能看出面粉、大米人均消费量稳定在 20 公斤左右。

表 2　2010—2015 年河南城镇居民家庭人均购买面粉、大米数量

单位：公斤

年份	2010	2011	2012	2013	2014	2015
面粉	21.0	19.4	17.7	27.8	18.5	20.0
大米	19.9	20.0	19.2	22.5	19.3	18.4

资料来源：河南省统计年鉴 2011—2016 年［EB/OL］. http：//www. ha. stats. gov. cn/sitesources/hntj/page_ pc/tjfw/tjcbw/tjnj/list1. html（本书采用的统计年鉴数据来自河南省统计局网站，余下不再赘述）。

当居民收入水平较低时，居民食物消费结构中往往以低档食物为主，随着收入水平的提高，消费的高档食品数量和种类也会相应增加。因粮食是低档食物，农村居民家庭随着收入水平的提高，消费的非粮类食物增多对粮食消费的替代作用日益凸显，并因此减少了对口粮的消费。2000 年河南农村居民家庭人均消费的口粮为 257. 6 公斤，2005 年降至 211. 6 公斤，2010 年减至 188. 5 公斤，2014 年减至 124. 9 公斤（如表 3 所示），2014 年与 2000 年相比减少了 132. 7 公斤，即减少了 51. 5%。由上所述，能看出河南农村居民家庭消费的粮食数量大幅度减少。

表 3　2000—2015 年河南农民家庭人均消费粮食数量

单位：公斤

年份	2000	2005	2010	2011	2012	2013	2014	2015
粮食	257.6	211.6	188.5	144.3	144.0	151.3	124.9	132.5
小麦	209.3	170.5	145.2	109.6	107.0	109.2	87.51	91.8
稻谷	17.1	19.6	20.8	18.2	20.0	22.8	22.8	24.2
玉米	22.2	16.9	15.5	11.1	10.9	12.1	6.1	6.0

资料来源：河南省统计年鉴 2011—2016 年。

综上所述，2000 年以来河南城镇居民家庭与农村居民家庭口粮消费发生的变化可归纳为以下三个特点：一是口粮消费在粮食消费中仍占重要地位，其中农村居民以小麦为主，而城镇居民以面粉、大米为主且消费的面粉和大米数量基本持平；二是城镇居民、农村居民口粮消费都呈下降趋势，但城镇居民下降幅度较小，农村居民因之前人均消费的粮食数量大，基数高，下降幅度较大；

三是农村居民人均口粮消费的数量仍远高于城镇居民。

2. 饲料用粮分析

改革开放以来，随着经济的发展城乡居民的收入水平和消费能力也得到较大幅度的提升，进而推动城乡居民消费水平的提高、消费结构的升级，在食品消费中也有体现，具体表现为：食品消费内容更加丰富，原粮消费量减少，油脂类、水产品、奶与奶制品、水果、瓜类等食品的消费数量各地都有不同程度的增加。由表 4 能清楚看出，2000 年以来河南农村居民消费的瓜类、水果类、奶和奶制品类数量显著增加。2000 年河南农村居民家庭人均消费的瓜类数量为 5.9 公斤，2013 年增加到 16.3 公斤，增加了 10.4 公斤，增长了 1.8 倍。2000 年河南农村居民家庭人均消费的水果类为 9.5 公斤，2013 年增加到 16.4 公斤，增加了 6.9 公斤，增长了 73%。2000 年河南农村居民家庭人均消费的奶和奶制品类为 0.1 公斤，2013 年增加到 3.7 公斤，增长了 36 倍。

表 4　2000—2013 年河南农民家庭主要食品消费量

单位：公斤/人

年份	2000	2005	2006	2007	2008	2009	2010	2011	2012	2013
粮食	257.6	211.6	211.3	206.0	245.7	194.4	188.5	144.3	144.0	151.3
小麦	209.3	170.5	168.9	162.3	156.2	150.2	145.1	109.6	107.0	109.2
稻谷	17.1	19.6	21.2	22.7	68.5	20.8	20.8	18.2	20.0	22.8
玉米	22.2	16.9	15.6	14.9	14.9	16.4	15.5	11.1	10.9	12.1
薯类	5.6	0.9	1.0	1.2	1.0	1.0	1.0	0.7	0.9	1.4
豆类	3.4	2.9	1.6	1.6	1.4	1.9	1.9	1.7	1.7	3.8
油脂类	5.1	4.4	4.5	4.6	5.2	4.8	4.9	6.6	6.9	6.6
植物油	4.8	4.3	4.3	4.5	5.1	4.8	4.8	6.5	6.9	6.5
动物油	0.3	0.1	0.1	0.1	0.1	0.1	0.1	0.1	0.1	0.1
蔬菜及菜制品	146.5	100.8	99.6	102.1	121.7	93.6	88.0	68.6	70.5	63.7
瓜类		5.9	9.2	6.7	7.8	10.2	10.3	11.6	12.8	16.3
水果类		9.5	8.9	10.3	11.7	11.2	10.6	12.9	15.1	16.4
肉禽及制品	12.4	8.7	9.6	8.6	8.4	9.8	12.4	10.9	10.9	12.9

续表

科目	2000	2005	2006	2007	2008	2009	2010	2011	2012	2013
猪肉	8.6	5.5	6.4	5.5	4.5	5.6	8.0	6.2	6.6	7.9
牛肉	1.1	0.8	0.7	0.5	0.4	0.4	0.3	0.3	0.3	0.4
羊肉	0.6	0.1	0.1	0.2	0.1	0.2	0.2	0.1	0.1	0.2
家禽	1.7	1.6	1.6	1.8	2.4	2.4	2.3	2.5	2.3	2.7
蛋类及蛋制品	9.7	8.5	10.1	8.9	10.4	10.6	9.1	7.9	9.1	7.9
奶和奶制品	0.1	0.9	1.2	1.5	2.2	2.2	2.4	2.7	3.0	3.7
水产品	1.0	1.3	1.4	1.5	1.5	1.5	1.5	1.8	1.7	1.9
食糖	1.2	1.1	1.1	1.0	1.1	1.0	0.8	0.9	0.8	0.9
酒类	4.6	6.0	6.5	6.3	6.0	6.5	6.2	5.7	6.1	6.4

资料来源：河南省统计年鉴2009—2014年。

河南1亿多人口对肉类、禽蛋、鱼类等产品消费规模的不断扩大，带动了畜牧、家禽、水产等养殖业及其相关产业的发展，而养殖业的发展又带动饲料用粮规模的扩大。饲料用粮消费又称为肉禽蛋奶转化粮食消费。由表5能看出河南饲料用粮总量稳步攀升，按照肉粮、禽蛋粮和鱼粮的有关比例进行测算，2010年河南饲料用粮约为347.1亿斤，和2001年的256.5亿斤相比增加了90.6亿斤，增长35.3%；2015年河南饲料用粮增至388.2亿斤，和2001年相比增加了131.7亿斤，增长了51.4%。

表5 2001—2015年河南省饲料用粮情况

年份	全省主要畜产品产量（万吨）				测算饲料用粮（亿斤）
	猪肉	禽肉	禽蛋	水产品	
2001	343.8	63.9	286.0	31.5	256.5
2002	366.5	66.4	302.0	36.2	272.6
2003	386.0	74.0	326.2	39.0	291.4
2004	412.4	79.6	347.0	42.7	311.2

续表

年份	全省主要畜产品产量（万吨）				测算饲料用粮（亿斤）
	猪肉	禽肉	禽蛋	水产品	
2005	441.2	87.5	375.3	51.7	336.7
2006	391.3	76.6	329.5	61.4	301.2
2007	339.0	85.5	336.7	74.7	290.1
2008	367.1	93.5	371.7	85.7	318.1
2009	389.6	100.1	382.9	53.8	334.4
2010	408.3	105.8	388.8	59.0	347.1
2011	406.40	111.40	390.50	102.93	351.4
2012	432.50	122.21	404.17	109.75	369.4
2013	454.13	122.32	410.23	116.65	381.5
2014	478	118.04	404.00	120.39	388.1
2015	468	120.00	410.00	125.36	388.2

注：饲料用粮是按照全省畜牧业成本调查资料获得的肉粮（已折算成原粮）比测算。猪肉料比 1∶1.9；禽肉料比 1∶1.6；禽蛋料比 1∶1.7；水产品鱼料比 1∶1.3（“十二五”期间河南粮食产需平衡分析预测［EB/OL］. http：//ccced. ncu. edu. cn/itemInfo. do？action = showItemInfo&infono = IC1200000002. ）。

资料来源：河南省统计年鉴 2009—2016 年。

由上表能够看出，饲料用粮中猪肉、禽肉、禽蛋、水产品的用粮规模都呈增长趋势。受饮食观念等因素影响，饲料用粮增长也具有不均衡性，其中增长规模最大的是水产品用粮，水产品用粮由 2001 年 31.5 万吨至 2015 年增加到 125.36 万吨，增长了近 3 倍；然后是禽肉粮，由 2001 年 63.9 万吨至 2015 年增加到 120 万吨，增加了 87.8%；禽蛋粮由 2001 年 286 万吨至 2015 年增加到 410 万吨，增加了 43.4%；增长规模最小的是猪肉粮，即由 2001 年 343.8 万吨至 2015 年增加到 468 万吨，增加了 36.1%。

3. 工业用粮消费分析

工业用粮是指工业上所用的粮食，包括食品工业用粮、纺织工业用粮、饲料工业用粮等。工业上所用粮食主要为小麦、大豆、玉米、谷物等，利用这些粮食为原料来生产植物油、饲料、乙醇燃料、酱油、醋、白酒、酒精、啤酒、黄酒、淀粉等（不包括糕点、食品等）等。工业用粮在河南粮食消费构成中仅次于口粮、饲料用粮。根据 2001 年以来河南省规模以上工业产品的生产量统计，以及生产每公斤粮食工业产品所需粮食的数量比例进行估算（如表 6 所示），2001 年河南工业用粮为 40.4 亿斤，2010 年增加到 159.9 公斤，增长了近 3 倍。

表 6　2001—2010 年河南省工业用粮

年份	工业品产量（万升、万吨）				工业用粮（亿斤）
	白酒	酒精	啤酒	淀粉	
2001	23.9	15.9	118.6	34.9	40.4
2002	23.8	15.8	118.1	38.2	41.7
2003	18.3	14.1	112.6	51.4	42.9
2004	21.7	30.0	150.1	55.2	55.0
2005	27.7	43.4	196.1	71.6	73.1
2006	33.0	50.8	250.0	92.4	90.3
2007	42.2	64.6	330.4	124.9	118.6
2008	57.9	81.8	381.9	108.9	131.0
2009	72.0	73.8	382.1	108.2	135.4
2010	84.4	85.2	408.6	135.0	159.9

资料来源："十二五"期间河南粮食产需平衡分析预测［EB/OL］. http：//ccced. ncu. edu. cn/itemInfo. do？action = showItemInfo&infono = IC1200000002.

由上表能看出，各类粮食工业产品的生产规模自 2001—2010 年都呈上升趋势，白酒由 23.9 万升增加到 84.4 万升，增长了 2.5 倍；酒精由 15.9 万升增加到 85.2 万升，增长了 4.4 倍；啤酒由 118.6 万升增加到 408.6 万升，增长了 2.5 倍；淀粉由 34.9 万吨增加到 135 万吨，增加了 2.9 倍。在粮食工业发展的带动下，工业用粮规模逐年扩大，2001 年至 2010 年工业用粮的总量由 40.4 亿斤增加到 159.9 亿斤，增长了近 3 倍。

河南工业用粮增长的原因也是多方面的，其中居民收入水平的提高、生活节奏的加快，对方便性、休闲性食品消费需求量不断增加是重要因素，这一趋势近年来更加明显，如居民对饮料酒、方便面、速冻米面食品需求规模不断扩大的推动下，相关工业快速发展。由表7可见，2005年河南生产的饮料酒为228万升，2015年增至1674万升，增加了1446万升，增长了6.3倍多；2005年河南方便面的产量为65万吨，2015年增至528万吨，增加了463万吨，增长了7倍多；速冻米面食品由2005年的94万吨到2015年也增至358万吨，增加了264万吨，增长了2.8倍。

表7　2005—2015年河南饮料酒、方便面、速冻米面食品产量

年份	2005	2009	2010	2011	2012	2013	2014	2015
饮料酒（万千升）	228	468	525	562	627	562	1733	1674
方便面（万吨）	65	159	213	245	275	347	541	528
速冻米面食品（万吨）	94	181	221	254	251	366	349	358

资料来源：河南省统计年鉴2006—2016年。

4. 种子用粮分析

一个国家和地区种子用粮的数量及种类主要取决于该国家或地区粮食作物的播种面积、单位面积用种数量以及种粮种类。虽然2001年以来河南省粮食播种面积不断增加，因种子技术改进以及科学种田水平的提升，亩均用种子的数量下降，"十五"以来河南种子用量的总量变化不大。若按"十一五""十二五"期间小麦、玉米亩均用种量比"十五"期间下降3%计算，由表8能看出，河南种植消费总量基本稳定在23亿斤左右。

表8　2001—2015年河南省种子消费量

年份	种植面积（万亩）					用种量（亿斤）
	小麦	玉米	稻谷	大豆	红薯	
2001	7202.3	3300.0	623.9	845.1	859.1	22.6
2002	7283.6	3479.9	704.1	792.0	828.5	22.9
2003	7207.0	3580.0	754.5	755.1	705.0	22.5
2004	7284.0	3630.0	762.8	783.8	656.4	22.6
2005	7444.0	3762.5	766.6	800.4	664.5	23.2
2006	7812.7	4127.5	857.0	808.7	401.3	22.9
2007	7820.0	4168.8	900.0	703.2	420.0	22.9
2008	7890.0	4230.0	907.0	729.2	461.9	23.3

续表

年份	种植面积（万亩）					用种量（亿斤）
	小麦	玉米	稻谷	大豆	红薯	
2009	7895.0	4343.1	917.0	700.5	473.1	23.3
2010	7920.0	4419.0	942.0	679.5	458.8	23.4
2011	7835.0	4537.5	957.0	668.5	448.0	23.2
2012	8010.0	4650.0	969.2	690.8	467.9	23.8
2013	8050.0	4805.0	962.0	665.8	452.9	23.9
2014	8110.0	4925.8	974.5	599.6	521.5	24.2
2015	8138.5	5015.8	984.0	549.0	531.5	24.3

注：种子用粮按稻谷、玉米、小麦、大豆等粮食品种的平均每亩用种量（2001—2005年，稻谷3公斤、玉米2.7公斤、小麦12.5公斤、大豆4.5公斤、红薯折粮10公斤；2006—2015年稻谷3公斤、玉米2.6公斤、小麦12公斤、大豆4.5公斤、红薯折粮10公斤）乘以其播种面积求得（测算标准参考《“十二五”期间河南粮食产需平衡分析预测》）。

数据来源：河南省统计年鉴2009—2016年。

（二）粮食消费的品种构成分析

在河南消费的粮食品种构成中，稻谷、小麦、玉米占消费总量的80%以上，本文主要对上述三种粮食的消费情况进行考察。

1. 小麦消费

小麦是人类的重要粮食作物，全球约有35%的人口以小麦为主要粮食。在中国的口粮消费中，小麦也是最主要的粮食品种。小麦是河南省的优势产业，小麦的种植面积、总产量一直居中国首位。从膳食习惯看，河南省多数人以面条、馒头、饺子等面类食品为主食，小麦或面粉在城乡居民的口粮消费中占重要地位，尤其是农村居民。因河南人口过亿，每年仅直接消费小麦的数量就很惊人，如2010年年末全省总人口为10489万人，其中城镇人口为4255万人，农村人口6234万人；以城镇居民人均消费面粉21公斤计算，全省城镇居民消费面粉的总量就约为89355万公斤；以农村居民人均消费小麦145.2公斤计算，全省农村居民消费小麦的总量为905177万公斤。虽然河南城乡居民的口粮消费都呈下降趋势，但被人口增加带来的冲击抵消不少。如2015年年末河南全省总人口10722万人，比2010年增加了233万人，其中城镇人口为5023万人，农村人口

5699万人，以城镇居民人均消费面粉20公斤计算，全省城镇居民消费面粉的总量为100460万公斤，比2010年增加了11105公斤；以农村居民人均消费小麦91.8公斤计算，全省农村居民消费小麦的总量就为523168万公斤。因受城镇化程度的提高、农村居民家庭人均消费小麦数量的降低等因素的影响，2015年和2010年相比河南农村居民家庭消费小麦的数量减少了381949万公斤。河南被称为中国的粮仓和大厨房，食品加工业比较发达，而食品加工业的主要原料为小麦，小麦被广泛用于酿酒、制作麦芽糖、调味品等粮食工业，以小麦为主要原料粮食工业的发展在一定程度上扩大了小麦的消费需求。

2. 稻谷消费

一个国家或地区居民粮食消费的类型受本国家或本地区种植农作物的种类影响较大。在以水稻为主要粮食作物的国家或地区，居民往往喜欢吃大米类食物，以稻谷为主粮；在以小麦为主要粮食作物的国家或地区，居民往往偏爱面食，以小麦为主粮。粮食消费的类型还受居民收入水平、消费观念等因素的影响。河南城镇居民家庭消费的面粉和大米的数量相差不大，但农村居民家庭消费的小麦量较大，仅消费少量大米。河南适宜种植水稻的地区依据气候、品种等划分，大体可分为北部、中部、南部三个区域：北部产稻区主要是指以新乡、濮阳、开封等地为代表的沿黄稻区，是河南省优质粳稻的生产基地；中部产稻区主要是颍沙河、伊洛河稻区，是籼粳稻混种地区；南部产稻区主要是指信阳等地，约占河南水稻种植面积和水稻总产量的70%。河南稻谷的产量也在逐渐扩大，2011年稻谷总产量为471190万公斤，2015年增加到531520万公斤，增长了60330万公斤。因河南人口规模大，消费的大米或稻谷总量也非常可观，以2010年为例，以城镇居民人均消费大米19.9公斤计算，全省城镇居民消费大米的总量为84677万公斤；以农村居民消费稻谷20.8公斤计算，全省农村居民消费稻谷总量为129667万公斤。再以2015年为例，以城镇居民人均消费大米18.4公斤计算，全省城镇居民消费大米的总量就为92423万公斤；以农村居民人均消费的稻谷为24.2公斤计算，全省农村居民消费稻谷的总量为137916万公斤。

3. 玉米消费

河南是玉米生产大省，1980年以前不仅农民以玉米为主要口粮，城镇居民也以玉米为主粮。随着城乡居民收入水平的提高，河南城乡居民消费玉米的数量均大幅度减少，尤其是城镇居民。但城乡居民对肉蛋奶等需求总量的不断扩大，河南饲料用玉米的数量大幅度增长。因受玉米加工技术进步等因素影响，以玉米为原料的工业也得到快速发展，玉米除传统的酿酒外，主要用于淀粉加工等。2007 年河南省玉米的总产量为 1582.5 万吨，到 2013 年增加 1796.5 万吨，2015 年增至 1853.7 万吨。

总之，2000 年以来河南粮食消费结构变化的趋势为：口粮消费逐年减少，直接粮食消费数量呈下降趋势，因居民对畜、蛋、奶、酒等产品需求量的增加，带动了饲料用粮、工业用粮规模的扩大。

三、影响河南省粮食消费结构变化的主要因素

影响河南粮食消费结构变化的因素有多种，归纳起来主要有：居民收入水平、人口规模大小、粮食供给结构、城镇化水平等。

（一）居民收入水平提高的推动

收入是消费的基础，居民收入水平不仅影响居民粮食消费的水平，还影响着粮食消费结构的升级优化进程。由表 9 能够看出 2000—2016 年河南省城镇居民的年均可支配收入持续增长。2000 年城镇居民的可支配收入为 4766 元，至 2008 年增加到 14372 元，2016 年增至 27233 元，2016 年和 2000 年相比增长了 4.7 倍；农村居民的人均纯收入也由 2000 年的 1986 元至 2016 年增长到 11697 元，2016 年和 2000 年相比增长了 4.9 倍。

表 9　2000—2016 年河南城乡居民收入水平

年份	2000	2005	2007	2008	2009	2010	2011	2012	2013	2014	2015	2016
农村居民家庭人均纯收入（元）	1986	2871	3852	4454	4807	5524	6604	7525	8969	9966	10853	11697
城镇家庭人均可支配收入（元）	4766	8668	11477	13231	14372	15930	18915	20443	21741	23672	25576	27233

注：2014 年后农村为人均可支配收入。

资料来源：河南省统计年鉴 2009—2017 年。

需要说明的是虽然收入水平是影响粮食消费结构和消费水平的重要因素，但收入达到一定水平后，影响力逐渐变弱。因河南城镇居民收入水平高于农村居民，近年来城镇居民收入水平的提高对口粮消费的影响趋弱，而农村居民则随着收入水平的提高口粮消费的数量大幅度下降。此外，随着城乡居民生活水平的提高，对营养和健康的追求，食品消费结构得到一定升级，对水果、奶和奶制品、水产品等非粮食类食品的消费数量不断增加，消费结构也开始由数量增加向品质改善转进。水果、肉、蛋、奶等非粮类食品在更广范围、更深层次上形成对粮食消费的替代，对高档食品（质量和营养较高）消费的数量和种类也将继续增加，尤其是高收入居民家庭在粮食消费中更加注重包装、品牌、绿色有机等品质因素，减少低档食品或劣质食品的消费数量。

（二）人口规模扩大和城镇化率提高的影响

人口是社会经济系统中最基本的要素，也是粮食消费的基本单元。人口规模和城镇化程度是影响粮食消费的重要因素。河南省地处中原，为中华民族文明的重要发祥地，自古以来人口稠密，改革开放以来一直面临人口持续增加的压力。2000 年河南总人口为 9488 万人，2016 年增加到 10788 万人（如表 10 所示），增加 1300 万人，增长了 13.7%。

表 10　2000—2016 年河南人口及构成

单位：万人

年份	2000	2005	2007	2008	2009	2010	2011	2012	2013	2014	2015	2016
总人	9488	9768	9869	9969	9967	10437	10489	10543	10601	10662	10722	10788
城镇人口	2201	2994	3389	3573	3573	4052	4255	4473	4643	4819	5023	5232
农村人口	7287	7774	6480	6345	6345	6385	6234	6070	4819	5843	5699	5556
城镇化率	23.2	30.7	34.3	36.0	37.7	38.8	40.6	42.4	43.8	45.2	46.7	48.5

资料来源：河南省统计年鉴 2009—2017 年。

河南人口基数庞大，加之“二孩”政策的推行，在未来一段时间内人口仍将持续增长。粮食为生活必需品，为刚性需求，粮食的供需关系受价格的影响较小。河南总人口规模的持续扩大，粮食消费需求总量也将持续增加。

城镇化是影响粮食消费结构变迁的重要因素，影响着城乡居民粮食消费的内容和结构。城镇化水平是衡量一个国家或一个地区经济发展水平的重要指标，通常以城镇化率来衡量。城镇人口的实质是居住在城市或集镇地域范围之内，享受城镇服务设施，以从事二、三产业为主的特定人群。由表10能看出河南省城镇化发展速度不断加快，2000年城镇化率为23.2%，2010年增至37.7%，2012年为42.4%，2016年增加到48.5%。就河南省自身来看，城镇化发展速度不断加快，但就全国来看，一直低于全国平均水平，2016年仍低于全国8.9个百分点。2000年河南城镇人口为2201万人，2010年突破4000万，2015年又突破5000万人。城镇化水平的提高对粮食消费产生了重要影响，由上面论述可见，城镇居民和农村居民的粮食类消费结构和消费数量存在明显差异，农村居民的口粮消费数量高于城镇居民，而城镇居民对肉、蛋、奶等非粮类食品消费的数量、质量都高于农村居民。随着河南城镇化建设的加速推进，在改变城镇人口和农村人口比例的同时，也影响着粮食消费结构、数量和水平的变化。

（三）粮食的生产与供给

粮食的生产和供给也是影响粮食消费结构变迁的不可忽视因素。改革开放以来，河南始终高度重视粮食生产，特别是近年来在加快推进工业化、城镇化进程中，更是把粮食生产放在重中之重的地位。河南在农业生产上的投入逐年增加，基础设施得到了不断改善，抗御自然灾害能力也不断提高。进入21世纪以来河南粮食生产具有以下几个特点。

一是粮食作物种植面积不断扩大。随着“三免一补”政策的实施，河南农民种粮的积极性得到一定程度的激发，粮食种植面积逐年增加。2009年河南全省粮食作物的播种面积为14197千公顷，2015年为14425千公顷，增加了228千公顷，其中，夏粮面积由9684千公顷增至10267千公顷，增加了584千公顷，秋粮播种面积略有增长。

表11 2009—2015年河南粮食作物播种面积　　单位：千公顷

年份	全年粮食播种面积	夏收粮食	秋收粮食
2009	14197	9684	5290
2010	14249	9740	5307
2011	14259	9860	5353

续表

年份	全年粮食播种面积	夏收粮食	秋收粮食
2012	14262	9985	5367
2013	14324	10082	5393
2014	14378	10210	5433
2015	144245	10267	5452

资料来源：河南省统计年鉴 2010—2016 年。

二是粮食产量大幅度提高。在培育和推广良种良方等技术的影响下，河南粮食单产水平、总产水平都得到大幅度提高。2007 年河南粮食产量为 5245 万吨，2015 年增加到 6067 万吨，增加了 822 万吨，增长了 15.7%。

表 12　2007—2016 年河南粮食生产总量

单位：万吨

年份	全年产量	夏粮产量	秋粮产量
2007	5245	2994	2252
2008	5366	3060	2306
2009	5389	3065	2324
2010	5437	3091	2346
2011	5543	3132	2411
2012	5639	3186	2453
2013	5714	3235	2479
2014	5772	3339	2433
2015	6067	3512	2512
2016	5947	3477	2470

资源来源：河南省统计年鉴 2010—2016 年《2016 年河南省国民经济和社会发展统计公报》，http：//www. ha. stats. gov. cn/sitesources/hntj/page_ pc/index. html。

需要说明的是，2016 年河南省粮食总产量比 2015 年减产 121 万吨，造成产量略减的主要原因有二：一是自然灾害的影响，夏粮生产先遭遇冬前低温寡照、冬季冻害等多重灾害的影响；秋粮生产过程中，局部地区又遇到了洪涝灾害等不利天气的影响。二是种植结构的调整，河南积极推进农业供给侧结构性改革，减少玉米的种植面积，增加优质花生等的种植面积。①

三是粮食生产区域布局日趋合理。“十五”以来河南省根据不同地区生态类型特点，对高中产、水旱地、早晚茬品种上进行搭配、优化，大宗粮食作物生产向优势区域集中，形成了豫北、豫西优质强筋小麦生产带，豫南淮河两岸优质弱筋小麦生产基地，豫东、豫北优质专用玉米生产基地，沿黄、沿淮优质稻米生产基地和豫东优质高蛋白大豆生产基地。

（四）粮食政策调整的影响

粮食政策通过影响粮食的产量、价格等来间接影响居民的粮食消费结构。粮食是国民经济发展的基础，是关系到国计民生的重要战略资源。绝大多数国家都把保障本国粮食安全作为国家的战略发展目标。随着工业化、城镇化的加速推进及人民生活水平的提高，中国粮食需求总量呈刚性增长趋势，而粮食的生产面临着人均耕地和水资源不足、农业基础设施薄弱等不利因素，粮食供求紧平衡状态将长期存在。中国政府对粮食消费的调控政策主要包括对粮食流通政策，以及对粮食品种税收调节、对粮食企业信贷的调整、对农民种粮的补贴等。粮食产业政策在一定程度上影响着粮食的总产量、各种粮食产量等变化，还影响着粮食的生产和供给结构，进而影响居民的粮食消费结构。国家对粮食的调控还通过价格杠杆等进行，不仅要保持粮食价格处于合理水平，保护和调动农民种粮积极性；而且粮食价格上涨幅度还不能过大，粮食消费的替代性较低，如果粮价上涨幅度过大，可能会引起城市中低收入家庭生活困难，对于维护粮食市场的稳定，保障经济的平稳发展不利。

（五）饮食消费观念的影响

消费观念也是影响粮食消费结构变化的重要因素，改革开放以来中国居民饮食消费观念发生了明显变化，形成以下几个新特征。

一是由“食不厌精，脍不厌细”向吃粗吃素观念转变。《论语·乡党第十》云：“食不厌精，脍不厌细。食饐而洁，鱼馁而肉败不食；色恶不食；恶臭不食；失饪不食；割不正不食；不得其酱不食；肉虽多，不使胜食气。”上述观念对中国居民粮食消费方式和消费结构产生了深远影响，这也是在改革开放以来

① 2016年粮食产量：2016年河南省粮食总产量为1189.32亿斤［EB/OL］. http//www.shengzhujiage.com/view/511184.html.

中国居民患“富贵病”人数居全球之首的文化根源之一。“富贵病”是指人们生活富裕后，吃得过好、吃得过精，营养过剩，运动过少，从而产生的非传染性疾病，主要包括肥胖、肠道癌、高血脂、冠心病、糖尿病等疾病。当前“富贵病”已发展成为中国的重要社会问题，患病人数众多，每天因“富贵病”而引发的死亡人数超过1.5万，占死亡总人数的70%以上。2012年5月11日“世界防治肥胖日”媒体报道全世界肥胖人口约为3.25亿人，而中国就占到了1/3，预计在十年之内肥胖人数可能会超过2亿。2013年5月17日“世界高血压日”媒体报道我国成年人中1/3血脂偏高，高血压患者达1.3亿。2013年11月14日“世界糖尿病日”媒体报道中国糖尿病患者高达1.14亿，全世界每三到四个糖尿病患者就有一位来自中国。中国居民“富贵病”高发的原因有多种，但与“吃精”“吃细”观念的影响密不可分。在物资匮乏的年代以粗粮为主食，居民食用的精粮、细粮较少患“富贵病”的人数极少，而20世纪80年代以来，随着收入水平的提高，居民粮食消费上由粗粮为主转为以精粮为主，这种膳食结构是中国居民患“富贵病”人数居世界之首的重要因素之一。当前中国越来越多居民认识到过多食用精粮的弊端。吃粗吃素就是经常吃一些未经过精细加工制成的天然食品，这一消费观念已经得到越来越多中国人的认可。

二是日益重视食品的质量和安全。食品的安全和质量直接关系到消费者的身体健康，因此是当前最受居民关注的问题之一。因食品行业的“内幕”频频被曝光，居民对食品安全感普遍不高，据笔者对河南高校的教师和学生进行的调研，结果是对食品安全感到“放心”的不到10%，明确表示“不放心”的占60%以上。

三是营养均衡观念逐步提高，饮食消费逐渐回归自然，趋于理性，越来越多居民不再刻意追求食品的“色”“香”“味”，而是追求卫生安全、营养、健康等理念，无公害食品、杂粮等逐渐成为消费的新宠。

中国居民饮食消费观念的转变对粮食生产和消费结构的升级产生的影响主要可归纳为以下几点。

一是吃粗吃素观念的流行推动粮食消费结构的升级，杂粮消费需求将会继续扩大。因社会宣传、居民对健康的重视，饮食健康、安全、无公害等观念的日益流行，使杂粮食品市场需求不断扩大，粗粮销售10年来增长了近百倍，未来仍会有所扩大。

二是无公害粮食需求不断扩大。所谓无公害食品是指无污染、无毒害、安全优质的食品，也称有机食品、生态食品、绿色食品。居民对食品安全的重视，使绿色食品的需求量不断扩大，还促进了绿色农业的发展。未来中国居民的健康消费意识会进一步提高，对“无公害”粮食的消费需求量也将进一步扩大。

三是饲料用粮消费市场发展空间大。居民对营养均衡的重视，对肉类、奶和奶制品等消费需求的扩大，带动了饲料用粮需求量的扩大。饲料用粮对粮食质量要求不高，使某些地区专门生产高产量的饲料粮，以满足饲养业的发展对饲料用粮的需要。未来中国城乡居民食品消费结构和消费水平间的差距将进一步缩小，尤其是由数量消费向品质消费的发展，对饲料的用粮消费需求也会增加。

(六) 粮食加工业的冲击

粮食加工业是河南省的支柱产业之一，小麦加工企业数量居全国之首。食品加工企业由最初的面条、馒头、挂面加工、低档面包糕点的生产，发展为当前涵盖食品、粮油、调料、酒精等品种多样、种类齐全、多档次的粮食工业，其中思念集团、白象集团、三全集团等发展成为中国知名企业。但河南省粮食加工业发展的同时也面临着升级转型问题，即中小企业居多，大型企业少，原粮加工多，转化增值少，粮食加工产值低、成本高，设备和技术落后，导致在加工制造过程中粮食增值能力较低、浪费严重等问题。

此外，生物质能源等非传统因素对粮食消费的影响也不容忽视，近年来，为有效解决温室气体排放所带来的环境问题，生物质能源作为一种清洁能源引起了世界范围的关注。以美国、巴西等为代表的国家纷纷开发新能源，出现了以非粮作物为主的生物质能源原料的种植与粮争的趋势。

四、河南优化粮食供给结构的若干建议

一个国家或地区的粮食消费结构与粮食消费需求结构变化趋势是该国家或该地区制定粮食调控供需政策的重要依据。本文通过对2000年以来河南粮食消费结构与粮食消费需求结构变化的考察，对河南未来粮食消费需求结构变化趋势以及调控、进一步优化粮食产业结构有如下思考。

(一) 河南省粮食消费需求结构变化趋势

基于2000年以来河南城乡居民粮食消费结构、饮食消费观念的变化及居民

收入水平的提高、社会保障制度及消费环境的改善等分析，大致能推断出河南未来粮食消费需求结构的变化趋势应具有以下特点。

1. 粮食消费需求总量仍将扩大，但农村居民人均消费的口粮将继续下降

根据前面研究，河南粮食消费需求结构变化趋势可概况为三个方面：

一是农村居民口粮消费仍将下降但幅度不会太大。2000 年以来受瓜类、水果、奶和奶制品、成品与半成品食物对口粮消费的替代以及外食增多等因素的影响，河南城乡居民消费的口粮数量均呈下降趋势，其中城镇居民下降的幅度已非常小。就河南口粮消费需求结构看，米面等精粮仍将有所下降，农村居民下降的幅度仍大于城镇居民，城镇居民下降的幅度将更小。

二是工业用粮和饲料用粮的规模仍将扩大。随着农村居民收入水平的进一步提高、社会保障制度的不断完善，人口规模的持续增长，居民食品消费中肉类、禽蛋、奶和奶制品等的需求量稳中有增，将带动养殖业、粮食工业的进一步发展。养殖业、粮食工业的发展将消耗更多的玉米、小麦等粮食，工业用粮和饲料用粮的规模仍将扩大。

三是河南粮食消费需求呈持续增长趋势。河南人口的基数大，加之“二孩”政策推行的影响，人口规模仍将持续扩大，人口数量对粮食消费需求总量的影响是刚性的。此外，河南城镇化建设的不断加快、粮食工业的升级等因素都在强化着粮食消费需求扩大的趋势。

2. 城乡居民粮食消费水平差距继续缩小

当前河南城镇居民粮食消费结构与农村居民相比，城镇居民明显优于农村居民，具体表现为：一是城镇居民肉蛋奶等高档食品消费的品种和数量多于、高于农村，而农村消费的低档食物多于城镇居民；二是从粮食消费构成看，城市居民以精粮为主，消费的红薯、玉米等粗粮数量少于农村居民；三是从粮食消费观念看，城镇居民更注意膳食均衡、品质、健康等理念；四是城镇居民在外用餐次数远多于农村居民，农村居民部分的蔬菜、粮食等能实现自给。随着农村居民收入水平的进一步提高以及河南工业化、城镇化的加速推进，农村居民粮食消费结构将进一步升级，城乡居民粮食消费间的差距将继续缩小。

3. 粮食消费结构升级仍将持续

改革开放前，河南粮食消费的层次还比较低，粗粮在多数家庭占重要地位，2000 年以来随着居民收入水平的提高、饮食消费观念的变化以及食品加工业的

发展，粮食消费结构得到不断升级，深加工的精米、精面成为居民的主食，一些利用现代加工技术制成的合成米、合成面、高档营养食品等成为居民的重要消费选择，其中，城镇居民粮食消费结构升级的深度大于农村居民。就河南粮食消费结构升级的发展趋势看，因收入水平对粮食消费升级的影响达到一定程度后将不断趋弱，而农村居民受收入水平的提高等因素影响，粮食消费结构将得到进一步升级，且升级幅度大于城镇居民。

4. 粮食消费观念上更重视健康、绿色、品质

城乡居民消费从温饱型向健康型过渡，健康消费理念将得到更多居民的认同。普通百姓收入水平的提升，中产阶级队伍的进一步壮大等使珍惜生命、追求健康将成为大众生活时尚。绿色消费是指消费者对绿色产品的需求、购买以及消费，是一种具有生态意识的、高层次的消费行为，表现为崇尚节约，反对浪费，注意降低消费过程中资源的消耗和污染排放。品质消费是指消费者越来越重视消费品的品种与质量。在粮食消费中主要表现为：受生活节奏加快、居民对食品安全重视等因素的影响，“绿色”粮食、“无公害”粮食、品牌粮食或食品将得到越来越多人的喜爱。

（二）优化河南粮食供给结构的若干思考

河南省为中国粮食的生产和消费大省，国家粮食生产核心区，在当前形势下，应根据河南城乡居民消费需求结构的变化，优化粮食生产和供给结构。如何优化粮食供给结构，笔者有以下几点思考。

1. 重视粮食生产，确保粮食供给的数量和质量不断提升

充足的粮食供给是粮食消费结构升级的基础，也是保障粮食安全的前提。随着城镇化建设进程的不断加快，河南将面临可耕地减少的危机，千方百计确保粮食生产的稳定增长是当务之急。首先要进一步加强对耕地的保护力度。中国粮食消费的刚性增长要求不断提高粮食的供给能力，不仅要充分挖掘粮食作物的单产潜力，而且要保证耕地的面积不能超越红线。河南虽是国家粮食核心生产区，但人多地少，人地矛盾问题非常突出，因此各级政府必须采取严格的耕地保护措施和执行严格的节约用地制度，严控非农建设用地的规模，坚守耕地红线。其次，依靠科技进步，不断提高粮食的综合生产能力。在耕地面积难以持续增加的情况下，保障粮食的充足供给，要把着力点转移到依靠科技上。第三，进一步完善农业补贴制度，切实保护农民种粮的获益。

近年来农民种粮收益不稳定，影响着部分农民种粮的积极性，不利于粮食产业的发展。

2. 积极引导居民形成科学的粮食消费观

当前中国居民食物消费处于由小康向富裕过渡阶段，“食不厌精”消费观念仍然盛行。不少居民过度看重包装、品相，消费过于精细化，而对粮食的过度加工不仅造成粮食的浪费而且使造成部分营养物质流失。为此，要加强对城乡居民进行营养知识的宣传和普及，对居民的粮食消费观念进行科学引导，改变部分居民不健康的饮食消费观念，鼓励居民形成“中热量、高蛋白、低脂肪”的食品消费模式。此外，居民在粮食消费中存在浪费现象，要进一步鼓励和引导大众形成良好的粮食消费习惯，加强粮食安全宣传，形成全社会爱惜粮食、反对浪费的社会风气。

3. 进一步优化粮食产业的生产结构

粮食生产是粮食消费的基础。中长期内，在河南省粮食的品种需求结构中，口粮消费对品质化要求更高。粮食消费的替代性较差，一旦国内出现粮食危机，将不利于国家的稳定和经济的健康发展。河南各级政府应高度重视口粮作物的种植，引导农民重点发展优质粮食品种，优化粮食的生产结构，增加专用粮特别是市场需求较大的品种，满足居民对于粮食营养化、绿色化、品质化等新要求。适度发展具有食品加工优势的粮食，如对于小麦生产，要适度压缩适用于面条、馒头加工的中筋小麦品种，提高适用于面包加工的强劲小麦和适用于饼干糕点加工的弱筋小麦的比例，进一步提高优质专用小麦品种的品质。

随着城乡居民肉类、禽蛋、奶和奶制品等食品消费总量的增长，中长期内饲料粮的消费规模将呈刚性增长趋势。为此，应采取措施，既要满足居民肉蛋奶消费的需要也要控制粮食间接消费的过快增长。具体来说，一是要多方开辟和合理利用饲料资源。长期以来中国粮食未分食用粮、饲料粮，用食用粮做饲料造成较大浪费，应调整种植结构逐步扩大高产饲料作物的种植面积，以满足饲料用粮消费的需要。二是进一步改善养殖业的生产结构，河南养殖业中生猪等占比较大，而节粮型的牛羊养殖业占比较低，要控制“耗粮型”动物（如猪肉）的生产，适度发展“食草节粮型”动物如鸡肉、鸭肉等，提高蛋白质生产量的同时，要降低饲料粮的消耗量。三是中长期内，要加大草地资源的开发、保护和改良。应鼓励农民对不适宜于耕作的山地、坡地用来种草，充分利用草地、农作物秸秆发展草食畜牧业，既有利于合理利用资源，也有利于提高经济效益。四是转变养殖业的饲养方式，进一步提高饲料的转化率。河南各地区有大量的棉籽菜籽饼泊、糠麸、糟渣、秸秆等，应充分利用这些原料制成混合饲料，化解饲料用粮对粮食安全的压力。

4. 进一步优化粮食工业结构

引导粮食加工企业向规模化、集约化发展，树立质量意识、品牌意识，鼓励粮食加工企业与粮农结成利益共同体，按照安全、营养、优质、方便要求，推进主粮工业化生产，利用高新技术对粮食加工所产生的副产品进行再加工提炼，打造从农田到餐桌的粮食产业发展链。对食品加工企业来讲，要通过提高技术创新来提高粮食的转化率，在技术研发和先进转化技术推广领域应加大投入力度，解决粮食转化领域技术含量低、粗放式发展的问题，而且要针对居民粮食消费营养化、方便化、多样化、健康化的要求，进一步拓展加工的广度和深度，提升品质、延长产业链。通过对河南省粮食消费结构考察，对当前粮食工业的发展提出以下几点思考：

一是以市场需求为导向推动粮食产业结构的升级。在现代市场经济发展环境下，粮食产业除要做好提高质量、建立良好的营销渠道外，更应及时、准确了解消费者饮食需求结构和消费观念的变化。目前中国居民越来越重视粮食的卫生安全，粮食产业应以此为契机，发展绿色农业，加强优势农产品的生产布局以及结构的调整，生产无公害、绿色食品和优质粮食品种，这不仅是农业可持续发展之路，也是实现农民增产增收的重要途径。

二是重视农产品品牌的塑造，加快发展精品粮食产业。越来越多居民重视粮食的品质和品牌，且普遍认为知名品牌的粮食产品质量比非知名品牌的要安全可靠，因此粮食企业以及加工企业在产品的供给上，要在品种、质量安全方面下狠工夫，如推行标准化生产，从田间到餐桌实行全过程的监控等，不仅能扭转居民对食品安全的普遍不信任，还能在塑造品牌、拓展销售市场中发挥重要作用。

三是重视绿色粮食的生产和销售。健康的饮食观念、合理的膳食结构不仅能推动粮食产业的升级，还对生态环境的改善产生积极影响。健康饮食理念倡导者一般不仅考虑到自己的身体健康，而且比较关注生态环境问题，往往尽量避免食物链的破坏和污染，一般不会为满足自己的口腹之欲而破坏生态环境。因此在粮食生产和销售过程中要尽量减少对环境的不利影响，推动整个农业朝绿色低碳方向转进，这也是建设生态文明、改善农业生产环境以及降低农业对水、土壤等污染的需要。

四是满足居民对粮食消费的多元化需要。当前居民饮食消费观念上更加注意营养、均衡、品质，在一定程度上影响着粮食产业、粮食工业、养殖业等结构的调整。粮食产业、粮食工业、养殖业应在满足城乡居民生活消费需要的基础上，要在提高质量、改进品种上下功夫，及时调整生产结构，满足不同消费群体的多样化需要，进而提高产品供给的有效性。

参考文献

[1] 2009－2016 河南省统计年鉴 [EB/OL]. http://www.ha.stats.gov.cn/sitesources/hntj/page_pc/tjfw/tjcbw/tjnj/list1.html.

[2] 杨德，舒德皆，黄书琴等. 重庆杂粮产业可持续发展的思考 [J]. 南方农业，2011 (6): 57－59.

[3] 张宝林. 杂粮注释需求巨大 产业升级亟待发力 [J]. 农产品加工，2013 (12): 22－23.

[4] 李志强，吴建寨，王东杰. 我国粮食消费变化特征及未来需求预测 [J]. 中国食物与营养，2012 (18): 38－42.

[5] 王赛时. 小康社会与健康饮食 [J]. 湖北经济学院学报，2004 (2): 120－123.

[6] 钟甫宁，向晶. 人口结构、职业结构与粮食消费 [J]. 农业经济问题，2012 (9): 12－16.

[7] 王禹. 经济增长对我国城镇居民粮食消费影响实证研究 [J]. 中国食物与营养，2012 (18): 45－48.

[8] 曾靖，汪晓银，王雅鹏. 我国城镇居民粮食消费状况分析与安全对策研究 [J]. 农业现代化研究，2009 (5): 539－542.

[9] 骆建忠. 中国居民粮食消费量与营养水平关系分析 [J]. 中国食物与营养，2008 (3): 37－40.

[10] “十二五”期间河南粮食产需平衡分析预测 [EB/OL]. http://www.ha.stats.gov.cn/hntj/tjfw/tjfx/qsfx/ztfx/webinfo/2012/01/1325804411778734.htm.

[11] 粮食消费：十年来我国粮食价格走势及影响因素 [N]. 河南日报农村版，2013－01－17.

[12] 高启杰. 城乡居民粮食消费情况分析与预测 [J]. 中国农村经济, 2004 (10): 20-25.

[13] 吴乐. 中国粮食需求中长期趋势研究 [D]. 武汉: 华中农业大学, 2011.

[14] 吴青劼. 我国粮食消费结构一般研究 [D]. 北京: 北京工商大学, 2010.

[15] 黄文校, 莫明荣, 陆耀邦. 广西粮食消费需求趋势预测分析 [J]. 广西农学报, 2006 (2): 42-45.

河南农村消费结构升级及其驱动机制探析

在宏观经济运行环境下，消费需求作为最终需求是影响经济发展的最重要因素，不仅对经济增长具有拉动作用，而且具有熨平经济波动的作用。扩大国内消费需求是我国经济发展的长期战略，2009 年 1 月中共中央政治局委员、国务院副总理王岐山到河南调研时曾说“扩大内需的最大潜力在农村”。国家统计局曾经做过测算：农村人口每增加一元的消费支出将带动二元的消费需求。虽然进入 21 世纪以来，河南在增加农民收入、提高农村居民消费水平方面做了大量工作，农村居民消费水平也确实得到显著提升，但对于城镇化程度还较低、农村人口规模庞大的河南来说，如何进一步激活农村消费市场，优化农民家庭的消费结构、扩大农村居民的消费需求仍是今后工作的重要着力点，《河南省国民经济和社会发展第十三个五年规划纲要》明确提出要“挖掘农村消费潜力，稳步扩大居民消费”。消费结构升级是消费水平提升的重要体现，因此，本文对 1998—2016 年近 20 年河南农村家庭消费结构升级情况进行探讨，揭示出制约农村居民家庭生活消费结构进一步升级的主要因素并提出优化建议。

一、1998—2016 年河南省农村家庭消费结构的升级

消费结构升级是指居民的各类消费支出在消费总支出中的结构升级、层次提高，反映着一个国家或地区的经济发展水平。本文利用河南省统计局网站上历年的“统计年鉴”中数据、参考各年度“河南省国民经济和社会发展统计公报”，运用消费经济学理论以及定性与定量、宏观与微观相结合方法，对 1998 年以来河南农村居民家庭消费结构的升级情况进行探讨。本文通过深入研究得出：河南农村居民家庭消费水平显著提升，消费结构升级显著，主要体现在农

村居民家庭消费能力的提高、生活消费支出结构的优化及城乡居民家庭消费水平间差距的缩小等方面。

（一）农村居民家庭消费能力的提高

1998年以来尤其是2006年以来，河南农村居民家庭的消费能力得到不断提高，消费结构的层次也得到相应提升，主要表现在以下方面。

耐用消费品是指使用寿命较长、可多次使用的消费品，典型适用产品主要包括家用电器、家具、汽车等。耐用消费品的数量、质量、种类是消费结构升级、消费水平提高的重要标志。1998年以来，河南农民家庭耐用消费品构成发生了巨大变化，2008年前黑白电视机、自行车等为一般家庭的主要耐用消费品，彩色电视机为农村婚房的主要摆设，随着居民消费水平的提升，彩色电视机、电冰箱、洗衣机越来越普及，家用汽车、家用电脑、微波炉、热水器等耐用消费品逐渐走入农村家庭，自行车、黑白电视机等耐用消费品的消费量逐渐减少，有的甚至淡出历史舞台，如2000年河南农村家庭每百户拥有自行车151.95辆，2013年减少为74.01辆，减少了1倍多。2000年河南农村家庭每百户拥有黑白电视机61.21台，2012年减少至0.98台。

因农村居民家庭的主要耐用消费品结构发生了较大变化，自2014年起国家统计局对耐用消费品的统计指标体系进行了调整，由洗衣机等23个指标调整为家用汽车等24个指标，新指标体系与旧指标体系相比的主要变化为：去掉了自行车、黑白电视机、黑白电视机接入有线电视网的、影碟机、吸尘器、生活用汽车、淋浴热水器7个指标，增加了家用汽车、助力车、热水器、太阳能热水器、消毒碗柜、洗碗机、健身器材、组合音响8个指标。

表13　1998—2013年河南农民家庭平均每百户主要耐用消费品年末拥有量

年份	2000	2005	2006	2007	2008	2009	2010	2011	2012	2013
洗衣机（台）	24.52	55.67	62.36	69.93	73.40	79.45	84.64	91.14	92.57	91.60
电冰箱（台）	6.90	13.48	15.50	22.12	27.07	34.43	46.12	63.31	66.86	71.93
空调器（台）	0.60	5.19	6.62	8.90	11.36	15.05	22.86	33.24	37.24	46.22
排油烟机（台）	0.43	0.48	0.74	1.36	1.50	2.29	3.02	4.07	4.05	4.22
吸尘器（台）		0.10	0.17	0.14	0.17	0.14	0.17	0.48	0.74	——
微波炉（台）	0.17	0.67	0.98	2.11	3.00	3.43	5.12	5.64	6.64	10.51

续表

项 目	2000	2005	2006	2007	2008	2009	2010	2011	2012	2013
淋浴热水器（台）	1.24	3.24	3.86	4.83	6.62	10.02	16.26	27.74	32.48	40.90
自行车（辆）	151.95	133.38	136.19	136.45	136.12	132.33	132.19	126.17	127.71	74.01
摩托车（辆）	14.57	39.14	43.36	46.50	48.76	51.95	54.88	53.52	51.51	66.58
生活用汽车（辆）		0.33	0.43	0.71	0.79	1.33	1.76	4.62	5.07	8.99
固定电话（部）	25.40	51.33	53.36	47.71	43.90	35.52	34.26	25.50	26.33	18.92
移动电话（部）	1.38	55.38	73.79	100.17	114.14	126.24	151.67	194.50	194.10	215.25
#接入互联网的		1.69	3.83	3.24	6.64	6.26	13.45	23.69	26.05	46.30
黑白电视机（台）	61.21	26.52	20.93	14.14	9.10	6.50	4.31	1.52	0.98	——
#接入有线电视网的		0.86	0.38	0.21	0.55	0.26	0.26	0.07	0.05	——
彩色电视机（台）	38.21	81.69	88.76	96.83	100.05	103.76	106.26	110.71	111.21	115.12
#接入有线电视网的		10.07	10.64	13.95	18.67	21.21	30.83	42.83	46.67	42.08
摄像机（架）	0.05	0.31	0.29	0.36	0.64	0.90	0.69	0.62	0.79	0.55
影碟机（台）	5.50	23.07	27.24	25.40	26.40	28.26	26.43	18.62	18.52	——
照相机（架）	1.29	2.14	1.71	1.98	2.17	2.31	2.83	2.33	2.67	3.51
家用电脑（台）	0.07	0.57	1.02	2.19	2.69	4.05	7.50	16.19	20.21	22.90
#接入互联网的		0.24	0.52	0.90	1.79	2.79	5.0	11.93	15.63	17.04
中高档乐器（件）		0.07	0.07	0.14	0.14	0.05	0.21	0.38	0.38	0.74

资料来源：河南省统计年鉴2009—2014年。

由上表能看出1998—2013年河南农村居民家庭平均每百户主要耐用消费品变化具有以下两个突出特征：

一是空调、移动电话、电脑、微波炉、淋浴热水器等耐用消费品迅速增加。河南农村居民家庭每百户拥有空调的数量，2000年为0.6台，2008年11.36台，2013年增加到46.22台，2013年和2000年相比增长了76倍。每百户拥有移动电话的数量，2000年为1.38部，2008年114.14部，2013年增加到215.25部，2013年和2000年相比增加了213倍。每百户拥有家用电脑的数量，2000年为0.07台，2008年2.69台，2013年增加到22.90台，2013年和2000年相比增加了22.83台，增长了326倍多。每百户拥有微波炉数量，2000年为0.17台，2008年3.00台，2013年增加到10.51台，2013年和2000年相比增加了10.34台，增长了69.8倍。农村家庭每百户拥有淋浴热水器数量，2000年为1.24台，2008年10.02台，2013年增加到40.90台，2013年和2000年相比增长了32倍。

二是洗衣机、彩色电视机、电冰箱越来越普及。因受农村居民家庭收入水平提高、“家电下乡”等政策的影响，洗衣机、彩色电视机等耐用消费品在农村越来越普及。农村居民家庭每百户拥有洗衣机数量，2000 年为 24.52 台，2008 年 73.4 台，2012 年增加到 92.57 台，2012 年和 2000 年相比增加了 68.05 台，增长了 2.8 倍。每百户拥有彩色电视机的数量，2000 年为 38.21 台，2008 年 100.05 台，2013 年增加到 115.12 台，2013 年和 2000 年相比增加了 76.91 台，增长了 2 倍。每百户拥有电冰箱的数量，2000 年为 6.9 台，2008 年 27.07 台，2013 年增加到 71.93 台，2013 年和 2000 年相比增长了 9.4 倍。

（二）生活水平显著提高

恩格尔系数是指食品支出总额占个人消费支出总额的比率，是根据恩格尔定律计算出的比例数。19 世纪中期德国统计学家、经济学家恩格尔对比利时不同收入家庭的消费情况进行调查，研究收入增加对消费支出产生的影响，提出了带有规律性的命题，被称之为恩格尔定律，即一个家庭或个人收入越低，用于购买食物的支出在家庭或个人收入中所占的比例就越大。对国家而言，一个国家越穷，每个国民的平均支出中用于购买食物的费用所占比例就越大。在总支出金额不变的情况下，恩格尔系数越大，说明用于食物支出的所占金额就越多；恩格尔系数越小，说明用于食物支出所占的金额越少。恩格尔系数普遍被用于衡量一个家庭或一个国家的富裕程度：恩格尔系数在 59% 以上为贫困，50% ~59% 为温饱，40% ~50% 为小康，30% ~40% 为富裕，低于 30% 为最富裕。表 14 是 1990 年至 2013 年河南城乡居民家庭人均恩格尔系数。

表 14 1990—2013 年河南城乡居民人均恩格尔系数比较

年份	城镇居民	农村居民
1990	54.8	55.0
1991	53.7	53.4
1992	53.4	55.9
1993	49.6	59.2
1994	49.8	58.2
1995	50.1	58.6
1996	47.8	55.6

续表

年份	城镇居民	农村居民
1997	44.6	54.6
1998	42.6	56.5
1999	40.8	53.0
2000	36.2	49.7
2001	34.7	48.6
2002	33.7	48.0
2003	33.6	48.2
2004	35.0	48.6
2005	34.2	45.4
2006	33.1	40.9
2007	34.6	38.0
2008	34.8	38.3
2009	36	34.2
2010	37.2	33
2011	36.1	34.1
2012	33.8	33.6
2013	34.4	33.2

数据来源：河南省统计年鉴2009—2014。

由上表能看出1990—1999年，河南农村居民家庭的人均恩格尔系数在53%～55%波动，说明农村居民家庭的生活处于温饱水平；2000—2006年，人均恩格尔系数在40.9%～49.7%波动，说明生活处于小康水平；2007—2013年，农村居民家庭的人均恩格尔系数在33%～38.3%波动，说明河南农村居民家庭也开始进入富裕阶段。

（三）城乡居民家庭生活水平间差距的缩小

由表14能看出1990年以来河南城乡居民人均恩格尔系数，总体上看都呈下降趋势，其中，农村居民下降的速度快于城镇居民，说明农村居民家庭收入中用于食物支出的比重逐渐降低，且与城镇居民家庭生活水平间差距逐步缩小

(如图 1 所示)。

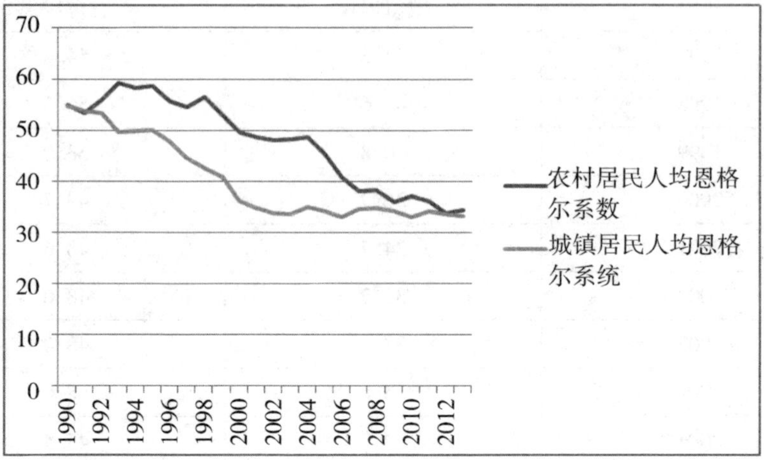

图 1　1990—2013 年河南城乡居民家庭人均恩格尔系数比较

由图 1 还能看出 1990 年以来河南城乡居民家庭人均恩格尔系数经历一个接近—拉大—接近的发展过程。1990 年河南城乡居民恩格尔系数的差额为 0.2 个百分点，之后逐渐拉大，2002 年二者间的差扩大加到 14.3 个百分点，2003 年后二者间的差距又渐趋缩小，2008 年二者间的差额缩小为 3.5 个百分点，2012 年二者间的差额仅为 0.5 个百分点，说明随着农村居民收入水平的提高，用于食物上的支出在总支出中的占比大幅度降低，且与城镇居民家庭消费水平间的差距不断缩小。

（四）食品消费结构得到优化

民以食为天，食品消费结构优化是居民消费水平提高的重要体现。表 15 为 2000—2013 年河南农村居民家庭主要食品的消费数量，能看出农村居民家庭食品消费结构变化具有以下特点：

一是粮食消费量显著下降。因粮食是低档食品，随着农村居民家庭收入水平的提高，粮食消费比重降低。2000 年河南农村居民家庭人均消费粮食的数量为 257.63 公斤，2005 年降至 211.62 公斤，2010 年降为 188.47 公斤，2012 年降至 143.97 公斤。其中，下降最为明显的是小麦和薯类，2000 年农村居民家庭人均消费小麦的数量为 209.28 公斤，2012 年降至 106.98 公斤，减少了 100 多公斤，即减少了一半多。2000 年河南农村居民家庭人均消费薯类的数量为 5.58 公斤，2012 年减至 0. 89 公斤，减少了 84%。

二是消费的植物油、瓜类、水果、奶制品的数量显著增多。植物油的消费量，由 2000 年的 4. 77 公斤至 2012 增加到 6. 85 公斤，增加了 2. 08 公斤，增长了 44%。瓜类的消费量，由 2000 年的 5. 93 公斤至 2013 增加到 16. 26 公斤，增加了 10. 33 公斤，增长了 1. 7 倍。消费水果的数量，由 2000 年的 9. 46 公斤至 2013 增加到 13. 37 公斤，增加了 41%；消费的奶和奶制品数量，由 2000 年的 0. 14 公斤至 2013 增加到 3. 66 公斤，增长了 25 倍多。

表 15　2000—2013 年河南农民家庭主要食品消费量

单位：公斤/人

年份	2000	2005	2006	2007	2008	2009	2010	2011	2012	2013
粮食	257. 6	211. 6	211. 3	206.	245. 7	194. 4	188. 5	144. 3	144. 0	151. 3
小麦	209. 3	170. 5	168. 9	162. 3	156. 2	150. 3	145. 2	109. 6	107. 0	109. 2
稻谷	17. 1	19. 6	21. 2	22. 7	68. 5	20. 8	20. 8	18. 2	20. 0	22. 8
玉米	22. 2	16. 9	15. 6	14. 9	14. 9	16. 4	15. 5	11. 1	10. 9	12. 1
薯类	5. 6	0. 9	1. 0	1. 2	1. 0	1. 0	1. 0	0. 7	0. 9	1. 4
豆类	3. 4	2. 9	1. 6	1. 6	1. 4	1. 9	1. 9	1. 7	1. 7	3. 8
油脂类	5. 1	4. 4	4. 5	4. 6	5. 2	4. 8	4. 9	6. 6	6. 9	6. 6
植物油	4. 8	4. 3	4. 3	4. 5	5. 1	4. 8	4. 8	6. 5	6. 9	6. 5
动物油	0. 3	0. 1	0. 1	0. 1	0. 1	0. 1	0. 1	0. 1	0. 1	0. 1
蔬菜及菜制品	146. 5	100. 8	99. 6	102. 1	121. 7	93. 6	88. 0	68. 6	70. 5	63. 7
瓜类		5. 9	9. 2	6. 7	7. 8	10. 2	10. 3	11. 6	12. 8	16. 3
水果类		9. 5	8. 9	10. 3	11. 7	11. 2	10. 6	12. 9	15. 1	16. 4
肉禽及制品	12. 4	8. 7	9. 6	8. 8	8. 4	9. 8	12. 4	10. 8	10. 9	12. 9
猪肉	8. 6	5. 5	6. 4	5. 5	4. 5	5. 6	8. 0	6. 2	6. 6	7. 9
牛肉	1. 1	0. 8	0. 7	0. 5	0. 4	0. 4	0. 3	0. 3	0. 3	0. 4
羊肉	0. 6	0. 1	0. 1	0. 2	0. 1	0. 2	0. 2	0. 1	0. 1	0. 2
家禽	1. 7	1. 6	1. 6	1. 8	2. 4	2. 4	2. 3	2. 5	2. 3	2. 7

续表

年份	2000	2005	2006	2007	2008	2009	2010	2011	2012	2013
蛋类及蛋制品	9.7	8.5	10.1	8.9	10.4	10.6	9.1	7.9	9.1	7.9
奶和奶制品	0.1	0.9	1.2	1.5	2.2	2.2	2.4	2.7	3.0	3.7
水产品	1.0	1.3	1.4	1.5	1.5	1.5	1.5	1.8	1.7	1.9
食糖	1.2	1.1	1.1	1.0	1.1	1.0	0.8	0.9	0.8	0.9
酒类	4.6	6.0	6.5	6.3	6.0	6.5	6.2	5.7	6.1	6.4

资料来源：河南省统计年鉴 2009—2014 年。

总之，随着农村居民收入水平的提高、消费观念上日益重视营养、健康，对粮食类食品消费的数量显著下降，而对奶和奶制品、瓜果等消费的数量增加，说明膳食结构得到了一定程度的优化。

（五）生活消费支出结构的优化

1998 年以来河南农村居民家庭的生活消费支出水平不断提升，增速也不断加快，由图 2 能够看出，1998—2005 年，河南农村居民家庭人均生活消费支出在 1000～2000 元；2006 年以来农村居民家庭的生活消费支出增长速度加快，2008 年增加到 3044 元，2011 年为 4320 元，2012 年突破 5000 元，达到 5032 元，2014 年突破 6000 元，达到 6438 元。

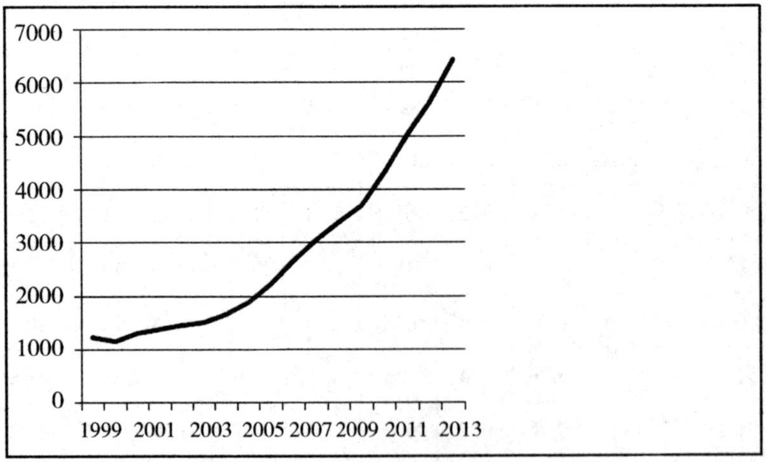

图 2　1998—2013 年河南农村居民家庭人均生活消费支出

数据来源：河南省统计年鉴 2009—2014 年。

表16为2000—2015年河南农村居民家庭的人均生活消费支出情况，由表能清楚看出河南农村居民家庭消费支出结构更加合理，具体表现在以下方面：

表16　2000—2015年河南农村居民家庭人均生活消费总支出

单位：元

年份	2000	2005	2007	2008	2009	2010	2012	2013	2014	2015
生活消费支出	1316	1892	2676	3044	3388	3682	5032	5628	7277	7877
食品	654	859	1017	1166	1220	1371	1702	1938	2154	2301
衣着	87	132	190	210	226	262	424	482	601	655
居住	206	318	616	713	876	765	1061	1044	1543	1643
家庭设备和日用品	69	83	136	170	204	254	362	416	506	561
交通通信工具和用品	56	160	269	291	310	401	525	633	860	970
文化、体育娱乐用品	133	178	212	214	234	250	344	391	758	851
医疗、卫生保健用品	64	123	173	215	243	288	469	604	731	769
其他商品	46	39	66	76	76	90	146	120	125	136

资料来源：河南省统计年鉴2013—2016年。

一是食品消费支出占比降低。2000年河南农村居民家庭的人均食品消费支出为654元，占生活消费支出的50%；2009年人均食品消费支出为1220元，占生活消费支出的36%；2015年为2301元，占生活消费支出的29%。2015年和2000年相比，河南农村居民家庭的人均食品消费支出占生活消费支出的比重下降了14个百分点。

二是交通通信消费增加。农村基础设施建设的逐步改善方便了农村居民的出行和联络，居民家庭人均交通通信支出不断增加。2000年河南农村居民家庭的人均交通通信工具和用品支出为56元，占生活消费支出的4%；2009年人均交通通信工具和用品支出为310元，占生活消费支出的9%；2015年为970元，占生活消费支出的12%。2015年和2000年相比，河南农村居民家庭的人均交通通信工具和用品支出占生活消费支出的比重提升了8个百分点。

三是居住环境持续改善。河南农村居民家庭在住房消费方面的变化：人均住房面积增加、消费支出额不断增加。2000年河南农村居民家庭人均居住消费支出为206元，占生活消费支出的16%；2009年为876元，占生活支出的26%；

2015 年为 1643 元，占生活消费支出的 21%。2011 年和 2000 年相比，河南农村居民家庭的人均住房支出占生活消费支出的比重提升了 10 个百分点；2015 年和 2000 年相比，人均居住支出占生活消费支出的比重提升了 5 个百分点。居住消费支出的增加，表明广大农村居民在改善居住环境需求得到满足后，也开始向品质消费转进，即追求住房的质量、装修等。

四是衣着消费支出比较稳定。河南农村居民家庭衣着方面的消费支出发展基本趋势为：支出稳定，朝时尚化、高档化方向发展。2000 年河南农村居民家庭人均衣着消费支出为 87 元，占生活消费支出的 7%；2009 年为 226 元，占生活消费支出的 7%；2015 年为 655 元，占生活消费支出的 8%。2015 年和 2000 年相比，河南农村居民家庭的衣着支出占生活消费支出的比重提升了 1 个百分点。据观察，农村居民衣着消费变化趋势为：对成衣的购买量增加，并越来越讲究穿着的质量、款式、花样，且趋于高档化，对原布的购买量较低，已经由过去缺衣置衣的数量消费过渡到注重服装面料、舒适性、款式、品牌、整体搭配等的品质消费。

二、河南省农村家庭消费结构升级的原因分析

影响河南农村居民家庭消费结构升级的因素有多种，主要原因可归纳为三个方面。

（一）居民收入水平提高的推动

收入是消费的基础，消费函数理论都视收入为消费的重要变量。一个国家或地区居民收入水平决定着该国家或该地区居民的消费水平和消费能力，直接影响着消费结构升级的进程，且收入结构影响消费结构的内容和形式的变迁。从收入形式看，当前河南农村居民收入由现金收入与实物收入两种形式构成。受收入形式的影响，河南农村居民家庭消费构成形式由自给性消费与商品性消费两种形式构成，且收入构成中现金收入与实物收入的占比还影响消费构成中自给性消费与商品性消费的占比。一般情况下，实物收入比重高的农村居民家庭，在生活消费支出中往往自给性消费占也较高，食品消费结构中粮食、蔬菜等低档食物占比往往较高，反之，现金收入比重高的农村居民家庭，在生活消费支出中商品性消费占比较高，食品消费支出构成中高档食品的数量较大，粮食等低档食物占比较低。

随着经济的发展及一系列惠农政策的实施，河南农村居民家庭收入水平显著提升，由图3能看出2007年河南农村居民家庭的人均纯收入为5197元，2015年人均可支配收入增加到13667元，增长了1.6倍多。

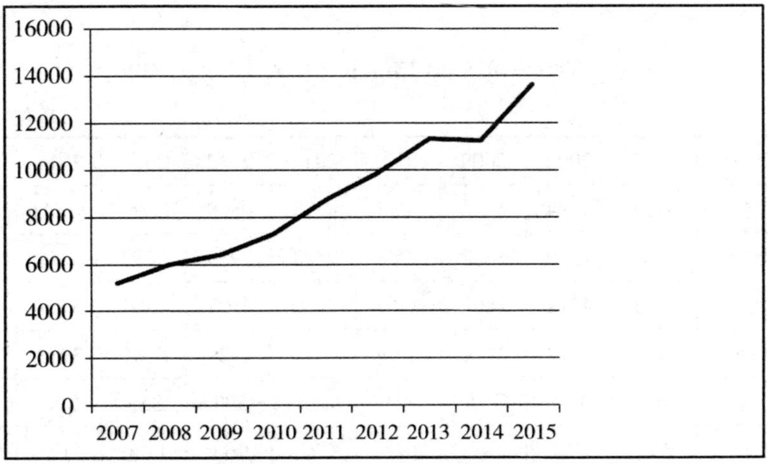

图3　2007—2015年河南农村居民家庭人均总收入

按收入的来源看，农村居民的收入主要有工资性收入、经营性收入和转移收入三种形式。2007年以来，河南农村居民家庭的收入构成也发生了显著变化，具体表现为三个方面。

一是工资性收入增加。农村居民家庭的工资性收入主要是指农村居民家庭成员劳动所得收入，包括在非企业组织中劳动所得收入、在本乡地域内劳动所得收入、常住人口外出从业所得收入。在各级政府采取多种措施的推动下，农村剩余劳动力转移规模不断扩大的影响下，工资性收入显著增加。2006年河南新增农村劳动力转移就业为189万人，农村富余劳动力转移就业总量达到1746万人；2012年河南新增农村劳动力转移就业105万人，全省外出务工农民工2570万人；2016年河南新增农村劳动力转移就业62万人，年末全省农村劳动力转移就业2876万人。2016年与2006年相比，河南全省农村劳动力转移就业人数增加了1130万人，增长了65%。由表17能看出，2007年河南农村居民家庭人均工资性收入为1268元，占全年人均纯收入5197元的24%；2011年河南农村居民家庭人均工资性收入增至2524元，占全年人均纯收入8725元的29%；2015年河南农村居民家庭人均工资性收入增加到3728元，占全年人均纯收入

13667 元的 27%。2011 年和 2007 年相比，河南农村居民家庭人均工资性收入占人均纯收入的比重增加了 5 个百分点；2015 年和 2007 年相比，农村居民家庭人均工资性收入占人均纯收入的比重增加了 3 个百分点，工资性收入已成为农村居民家庭的重要收入来源。

表 17 2007—2015 年河南居民家庭人均收入及构成

单位：元

年份	2007	2008	2009	2010	2011	2012	2013	2014	2015
全年总收入	5197	5994	6414	7293	8725	9829	11345	11241	13667
工资性收入	1268	1500	1622	1944	2524	2989	3582	3255	3728
经营性收入	3721	4212	4462	4969	5640	6197	6804	5507	7083
第一产业	3144	3577	3711	4099	4596	4929	5304	3988	5319
第二产业	185	194	211	241	193	302	355	396	392
第三产业	392	440	540	628	771	966	1146	1123	1371
财政性收入	53	53	56	59	108	135	160	153	161
转移性收入	155	230	322	322	453	508	798	2326	2695

资料来源：河南省统计年鉴 2011 年、2016 年。

二是经营性收入占比下降。农村居民家庭的经营性收入是指农村居民家庭成员从事第一、第二、第三产业活动的收入，其中又以第一、第三产业收入为主要收入来源。河南农村居民家庭人均经营性收入，2007 年为 3721 元，占全年人均纯收入的 72%；2011 年人均经营性收入为 5640 元，占全年人均纯收入的 65%；2015 年人均经营性收入为 7083 元，占全年人均可支配收入（2014 年后统计年鉴中改“纯收入”为“可支配收入”）的 52%。2015 年和 2007 年相比河南农村居民家庭人均经营性收入在人均纯收入中占比下降了 20 个百分点。

三是财政性收入、转移性收入在农村居民家庭增收中发挥了重要作用。财政性收入是公共性质的货币资金，是通过一定筹资形式或渠道集中起来的由国家掌握使用的货币资金。转移性收入是指国家、单位、社会团体对居民家庭的各种转移支付和居民家庭间的收入转移，对农民来说主要为是指惠农政策、社会保障等所带来的最低生活保障补助、养老金等收入。2004 年以来在各级政府不断加大对农村投入的推动下，财政性收入、转移性收入在促进农村居民家庭收入增加中发挥了重要作用，其中作用最为显著的是“三补一免”政策。“三补一免”政策是国家促进农民增收、保证国家粮食安全、以城市反哺农村重要举措，“一免”是指减免农业税，“三补”是对粮食直补、良种补贴、农机具购置进行补贴。由上表可看出，2007 年河南农村居民家庭人均获得的财政性收入为 53 元，2015 年增加到 161 元，增加了 2 倍多。2007 年河南农村居民家庭人均获得的转移性收入为 155 元，2015 年增加到 2695 元，增加了 16 倍多。2007 年财政性收入和转移性收入在农村居民家庭人均纯收入中占比为 4%，2015 年在农民家庭人均可支配收入中占比增至 21%。2015 年和 2007 年相比，河南农村居民家庭财政性收入和转移性收入在人均收入中占比提高了 17 个百分点，说明财政性收入和转移性收入在农村居民家庭增收中发挥了重要作用。

（二）农村社会保障制度逐步完善的拉动

国内外实践表明，社会保障与消费需求之间呈正相关。第二次世界大战结束以来，社会保障制度在西方国家得到迅速发展，社会福利制度的不断完善和推行在欧美国家扩大国内消费需求中发挥了重要作用。长期以来，社会保障制度的不健全、发展速度滞后于经济发展增速成为制约中国农村居民家庭消费水平提升、消费结构升级的重要桎梏。基于此，2004 年国家通过采取“三补一免”等政策，实施新型农村合作医疗制度（新农合制度）、农村最低生活保障（农村低保）制度、新型农村养老保险（新农保）制度等，不断加大对农[illegible]转移支付力度，健全农村社会保障制度，不仅改善了农村[illegible]轻了部分农民消费的后顾之忧，而且在一定程度上推动了农村居民家庭消费结构的优化，激发了农村居民家庭的消费需求，本文重点阐述新农合制度和农村低保制度的成效及影响。

“因病致贫”长期以来是制约中国农村居民家庭消费水平提升、消费结构升级的重要因素，为化解这一困局，2002 年 10 月国家要求各级政府积极引导农民建立以大病统筹为主的新型农村合作医疗制度（简称“新农合”）。“新农合”是指由政府组织、引导、支持，农民自愿参加，个人、集体与政府多方筹资，以大病统筹为主的农民医疗互助共济制度。河南省于 2003 年开始在全省 25 个县（市）开展新农合试点工作，2007 年在各县区全面推广，2009 年在全省 157 个县（市、区）实施。新农合得到了河南广大农民的支持，参合农民人数逐年增加，2003 年为 1197.1 万人，2006 年实际参合农民达 6101.7 万人，参合率为

87.0%；2008年“新农合”参合率达到91.8%，2009年参合率增至93.4%。国家还不断调整、完善“新农合”补偿制度，如2015年1月29日国家卫计委、财政部印发关于做好新型农村合作医疗工作的通知，提出各级财政对新农合的人均补助标准在2014年的基础上提高60元，达到380元。新农合在河南的推行，每年有几十万甚至上百万家庭得到救助，在一定程度上缓解了“因病致贫”问题。2007年河南发放城乡医疗救助资金1.59亿元，共救助210.31万人次。2013年河南发放城乡医疗救助资金9.44亿元，共救助107.96万人次。由表18能看出，2006—2015年，河南共救助2174.39万人，发放城乡医疗救助金49.68亿元。

表18　2006—2015年河南发放城乡医疗救助资金及救助人数

年份	发放城乡医疗救助资金（亿元）	救助人数（万人）
2006	0.75	128.9
2007	1.59	210.31
2008	2.57	357.32
2009	4.1	499.81
2010	5.61	496.77
2011	[illegible]	122.1
[illegible]	[illegible]	107.03
2013	9.44	107.96
2014	7.13	74.33
2015	7.13	69.86

资料来源：2007—2016年河南省国民经济和社会发展统计公报［EB/OL］. http：//www.ha.stats.gov.cn/sitesources/hntj/page_pc/tjfw/tjgb/qstjgb/articlee418631b25894908880653f068973028.html。

为缩小城乡居民收入间差距，有效保障农村贫困居民的基本生活，缓和社会矛盾，中国政府不断完善专门针对农村生活困难人口的救助工作，健全农村最低生活保障制度。农村最低生活保障制度是国家和社会为保障收入难以维持最基本生活的农村贫困居民而建立的一种社会救济制度。2005年河南省在郑州、焦作等地开展农村低保试点工作。自2006年7月起，河南开始在全省农村全面建立、实施农村最低生活保障制度，困难家庭保障覆盖面逐年扩大，由2006年的2.31%提高到2009年的4.48%。2009年河南省农村低保实施“提标扩面”工程，低保补助标准增加，农村低保标准由2008年的平均每人每年900元，提高到1080元。此后，河南不断完善低保制度，并提升标准，如2016年两次提高救助金标准，先在2015年农村低保对象年人均保障标准2600元的基础上提高到2900元，9月22日又由2900元提高到2960元，月人均补助水平由127元提高到132元①。

农村最低生活保障制度在河南取得了很好的效果，受益人群逐年扩大，2006年农村低保对象200.2万人，河南发放农村低保金3.7亿元。2007年河南发放农村低保金8.19亿元，农村低保对象256.29万人。2008年发放农村低保金13.98亿元，农村低保对象270.46万人。2009年发放农村低保金23.67亿元，农村低保对象363.95万人。2010年发放农村低保金27.96亿元，农村低保对象369.21万人。2015年发放农村低保金55.8亿元，农村低保对象393.25万人。由表19能看出，2015年和2006年相比，河南发放农村低保资金由3.7亿元增加到55.8亿元，增加了52.1亿元，增长了14倍多；受益人数由200.2万人扩大到393.25万人，增加了193.05万人，增长了96%。

表19 2006—2015年河南农村低保人数及发放低保金

年份	农村低保人数（万人）	发放农村低保金（亿元）
2006	200.2	3.7
2007	256.29	8.19
2008	270.46	13.98
2009	363.95	23.67
2010	369.21	27.96
2011	365.8	39.9

① 继续提高农村低保标准月人均补助提高至132元［N］. 大河报，2016-09-26.

续表

年份	农村低保人数（万人）	发放农村低保金（亿元）
2012	372.29	42.47
2013	389.83	53.26
2014	395.26	49.47
2015	393.25	55.8

数据来源：2007—2016 年河南省国民经济和社会发展统计公报［EB/OL］. http://www.ha.stats.gov.cn/sitesources/hntj/page_pc/tjfw/tjgb/qstjgb/articlee418631b25894908880653f068973028.html。

总之，针对农村居民的社会保障制度逐步健全，在一定程度上增加了农村贫困人群的收入、降低了广大农村居民的消费后顾之忧，还在一定程度上提高了农村居民的消费能力，激发了农村消费需求，不仅缩小了城乡收入差距，有利于维护社会稳定，而且推动了农村居民家庭消费结构的升级。

（三）消费环境改善的促进

消费环境是指消费者在生存和发展过程中面临的、对消费者有一定影响的、外在的、客观的制约因素，是一个复杂的系统，包括硬环境和软环境两部分。1998 年以来，河南农村消费环境无论是硬环境还是软环境都得到一定程度上的改善。

1. 消费硬环境的优化

改革开放初期国家对农村基础设施建设的投入不足，电、水、路、通讯等基础设施较为落后，即消费硬环境不完善成为制约农村居民消费水平提升、消费结构升级的重要因素。为此，中国政府自 1999 年开始，积极推动各地推进“村村通”工程建设。“村村通”是中国政府推进的一个专门针对农村的、长期的、系统的基础设施提升工程，包括公路、电力、生活和饮用水、电话网、有线电视网、互联网等。2004 年 1 月 16 日信息产业部下发《关于在部分省区开展村通工程试点工作的通知》，同时出台《农村通信普遍服务——村通工程实施方案》。2004 年以来，各级政府不断加大对农村基础设施建设的投入力度，公路、电力、生活和饮用水、电话网、有线电视网、互联网等建设方面取得了显著成绩，使农村消费硬环境得到不断改善，为激发农村消费需求，推动农村居民家庭消费结构升级奠定了物质基础。

交通设施的改善，俗话说“要想富先修路”，交通设施的联通对人员、货物、信息等流通具有辐射和带动作用，是经济发展的重要基础，也是消费品进入农村市场、激发农村消费需求的重要条件。2008 年河南改修乡村公路 15700 公里，使全省农村公路通车里程达到 216555 公里，全省共 47814 个行政村通了汽车，占全部行政村的 99.6%，居全国第一位，在中西部地区率先实现了“村村通”汽车。道路条件的改善便利了出行，也推动了居民交通消费的升级，由表 16 能出看河南农村居民家庭的人均交通通讯支出在人生活消费支出中的占比，2000—2015 年，由 4% 增加到 12%，提升了 8 个百分点（表 20）。

表 20　河南农村 2000—2015 年基础设施建设统计表

项目（个）	2000	2007	2008	2009	2010	2011	2012	2013	2014	2015
村民委员会	48206	47533	47447	47346	47311	47347	47140	46997	46938	46115
通汽车村数	44593	47754	47814	47819	47818	47647	47675			
通电话村数	48062	48058	47998	47901	47839	47687	47687			
自来水受益村	13252	20272	22346	24517	26329	28214	29882	31284	33979	36528
通有线电视村数									43194	43591
通宽带村数									45764	46079

资源来源：河南省统计年鉴 2009—2016 年。

供水、供电条件的改善。长期以来河南农村的供水、供电条件不完善是影响着农村居民家庭对耐用消费品消费量的扩大。“村村通”工程的实施，广大农村的供电、供水条件得到了明显改善，截至 2007 年 8 月底河南全省已约有 18.8 万个农户、74.8 万个农民基本解决了“用电”问题，全省基本实现了“户户通电”目标。供水条件不仅影响农村居民的饮水安全，且影响着农村居民家庭对洗衣机、淋浴热水器等耐用消费品的需要。由表 20 能看出 2000 年以来自来水在河南农村越来越普及，2007 年自来水受益村为 13252 个，2015 年自来水受益村为 36528 个。水、电条件的改善，为洗衣机、彩色电视机、电冰箱等耐用消费品在农村家庭的普及以及淋浴热水器、家用电脑、空调等耐用消费品在农村的快速增加提供了条件。

在邮政方面，河南全省也实现了村村通邮，基本能满足农村居民的需要。

在通讯方面，全省农村的电信设施，顺利达到了“村村通”目标。到2007年底，全省100%的行政村通了电话。总之，基础设施的改善为河南农村家庭消费结构的升级奠定了物质基础。

2. 消费软环境的优化

国家通过实行“家电下乡”“汽车下乡”“万村千乡市场工程”等措施不仅激发了农村居民对耐用消费品的消费需求，而且促进了农村消费软环境的改善，也在一定程度上推动了农村居民家庭消费结构的升级。因河南是全国乡村数量最多、农村人口数量最大的省份，家电在农村存在巨大的消费潜力，也因此被国家定为“家电下乡”首批试点。“家电下乡”被列为2008年河南省十项重点建设项目之一，先在局部试行，然后在全省试点，最后在全省推广。“家电下乡”在河南试行之初就取得了显著成效，在许昌、焦作两市试行两个月，焦作市销售2200多台（件），许昌市销售1300多台（件）。2008年河南有70多万农户购买“家电下乡”产品，总数达到157万台（件），得到各级政府发放的财政补贴达到了1.26亿元。2009年6月、7月两个月河南家电下乡产品销售和补贴在全国排名第一。据统计，2009年1月1日至5月25日，河南全省销售“家电下乡”产品98.2万台（件），销售额16.31亿元，累计发放补贴金额3.1亿元，惠及150万农户。

“家电下乡”在河南的推行不仅拉动了农村消费，缩小了城乡市场增速差距，促进了农民消费水平的升级，而且推动了农民消费观念的转变，也在一定程度上改善了消费环境。“家电下乡”在河南的推行促进了农民消费观念发生了变化，主要表现在两个方面：其一是推动了超前消费观念的发展。买冰箱，买洗衣机，有的农民家里甚至购置第二台彩色电视机，农民手里真的都有那么多钱吗？据2009年调查，不一定，某种程度上是农民消费观念变化的促进。随着河南在城市务工农民人数的增多，农民工把收入的一部分作为家庭收入的重要补充，一方面刺激了农村消费，另一方面农民工在城市体验到的现代消费方式，在潜移默化中影响着农村家庭消费观念，一些农民认同“花明天的钱，圆今天的梦”、“能花会赚”等消费理念。其二是促进了农民消费者对品牌和质量的关注。以前大多农民买家电更多关注的是价廉、实用，对品牌和质量的关注不够，“家电下乡”中标的企业基本上都是国内知名品牌，质量有保证，这使愈来愈多的农村居民认识到好牌子的家电耐用，毛病少，售后服务好，在一定程度上促进了河南农村居民对品牌和质量的关注。

"家电下乡"工程不仅仅是给一些财政支持，一"补"了之，而是通过发挥财政资金的杠杆作用，引导更多的企业关注农村市场，不断建立和完善面向农村的生产、流通和售后服务网络，还推动了农民生产和流通服务体系的改进，主要体现在三个方面：一是适合农村消费的家电品种增多。中标企业有针对性地开发适合农村的新产品，增加了很多适应农村消费环境的新功能，如宽电压、强信号的彩电，耗电低、冷冻量大、环保的电冰箱，强信号、待机时间长、方便收发农业科技和市场信息的手机，宽电压、宽水压、洗涤量大、方便排水的洗衣机。二是家电消费网点的普及，方便了农民购买家电，降低了交易成本。三是农村居民能享受到与城里人一样的售后服务。关于售后服务，商务部、财政部对中标单位提出了明确要求，要求中标企业严格执行国家三包规定，强化维修服务网点，开展巡回维修服务等，保证售后服务质量。

"万村千乡市场工程"是2005年商务部启动的一项农村市场建设工程，运用现代流通方式，在农村建设或改造"农家店"，构建农村现代流通网络，实现日用消费品下乡和农产品进城的双向流通，旨在解决农村居民不方便消费、不安全消费、不经济消费等问题。河南仍是国家的首批试点，该举措有力推进了农村消费环境的改善。据笔者对洛阳市的调研，在实施"万村千乡市场工程"之前，洛阳县以下广大农民购入的消费品，90%以上来自落后的流通方式，如"夫妻店"、代销店、流动商贩和集贸市场。农民购买消费品"油盐酱醋在村里，日常用品赶大集，大件商品跑县里"。农村居民往返县城一次常常要好花费几个小时，山区的时间就更长，因此农民进城购物支付的交通费和误工费要比城市居民高得多，也就是购物成本较高。在实施"万村千乡市场工程"前洛阳市农村消费的软环境，因监管薄弱、农民贪便宜等多种因素的影响，很多农村集市几乎成了假冒伪劣商品的"天堂"，农村居民消费者的权益常常受到侵害。总之，长期以来因国家对农村商品流通和服务设施投入的不足，农村流通基础设施建设比较薄弱，流通网络不健全，流通方式比较落后，成为抑制农村商品流通和农村经济发展的不可忽视因素。洛阳市借助"万村千乡市场工程"的实施，大力改善农村消费环境，2005年实施万村千乡市场工程后，成立了由主管市长为组长，市商务局、财政局等13个部门为成员的领导小组，每年都制定工作方案和具体建设规划。相关部门为改善农村消费环境，做了大量卓有成效的工作，取得了显著成效。据调查2005—2008年，洛阳市共建成合格的“万村千乡市场工程”农家店总计1772个，其中乡级农家店109个、村级农家店1663个；日用品店1642个，农资店130个。农家店覆盖全市2937个行政村的60.4%。建设配送中心10个，每个县（市）至少有一个商品配送中心。累计争取到中央财政补贴资金972万元、省级财政补贴资金110万元。新增农村商业零售面积8.5万多平方米，促进流通企业改扩建配送中心面积4万多平方米，商品统一配送率达到50%以上。洛阳市9县（市）的承办企业2007年销售总额3.56亿元，2008年增加到6.61亿元。实施“万村千乡市场工程”后洛阳市农村消费环境发生了很大变化。一是消费硬环境发生的变化。洛阳市农村现代流通网络的形成促进了农村商品流通，方便了农民消费，在一定程度上改善了农村的商业面貌和消费环境。据调查“万村千乡市场工程”实施前，洛阳市乡村超市在乡镇级市场、村级市场占有率极低，工程实施后一个以城区店为中心、乡镇店为骨干、村级店为基础的农村现代流通网络形成。

洛阳仅是河南“万村千乡工程”实施的一个缩影，“万村千乡市场工程”实施促进了农村消费软环境的改善，主要表现在以下几点：

首先，提高了农村消费安全度。农家超市或农家店实行统一采购、连锁配送，成本降低，价格下降，监管到位，保障有力，严把质量进货关，提高了农村消费安全度，有效防止了假冒伪劣商品进入流通零售环节，农民在农家店可以买到放心的商品，提高农民消费的安全程度。有不少乡村超市建立了购销台账，使农村超市购销的商品有据可查。据对洛阳市农村超市的抽样调查，90%以上农民选择在农家超市购买日常用品，农民选择在农家超市购物的原因除农家超市环境好、价格低、服务好、商品品种多外，影响他们选择的重要因素是质量有保证。根据在孟津、吉利区、汝阳等地调查中90%以上的农民认为农家超市商品质量有保证。96%以上的农民支持和选择农村超市购物，充分说明了这一活动深受广大农民的欢迎。

其次，在一定程度上降低了农村消费成本。超市开到村里，自然减少了购物的时间和交通成本，且农家超市覆盖率逐年提升也在整体上降低了农村居民的消费成本。据笔者调查有农家店的村民基本上在村内超市购物，村内超市商品价和集镇一样，没必要跑那么远。

再次，商品市场秩序得到改善。工商管理、商务等部门加强了农村消费场所的监管，使农村消费市场秩序得到一定程度上的改善。实践证明，农村超市的发展有利于消灭“三无”产品，有助于保证农民消费者的利益；有利于改善农村消费环境，强化农村消费安全；有效刺激了农村消费需求，也在一定程度上改善了农村消费的软环境。

三、制约河南农村居民家庭消费结构升级的因素分析

虽然自1998年以来河南农村居民家庭消费结构与20世纪80年代、90年代初期相比得到不断优化，但是无论是与沿海经济发达地区的农村居民家庭消费结构相比，还是与河南城镇居民家庭相比，都存在不小差距，也就是说河南农村居民家庭消费结构升级的空间仍然较大，农村的消费需求潜力还远未充分释放出来，仍是未来河南扩大消费需求的重要着力点。

（一）农村居民家庭消费结构升级空间较大

河南农村居民家庭与城镇居民家庭的生活消费相比，二者在发展水平间的差距仍然不小，农村居民家庭消费结构仍存在较大的升级空间，农村消费市场的潜力还未充分挖掘出来，主要体现在以下几个方面：

居民消费支出是指城乡居民个人与家庭用于生活消费以及集体用于个人消费的全部支出，包括购买商品支出及享受文化服务、生活服务等非商品支出，是综合反映居民生活消费水平的重要指标。集体用于个人的消费是指集体向个人提供的物品和劳务的支出，不包括非消费性支出。对农村居民家庭来说，消费支出①还包括自给性支出。1998年以来河南农村居民家庭的人均生活消费支出从自身的增长速度来看，确实不慢，但若与河南城镇居民家庭人均消费支出的增速相比，加快发展速度显得非常必要，由图4能看出1998—2014年河南省城镇居民家庭人均消费支出增长曲线与农村居民人均生活消费支出增长曲线间的距离越来越大，从侧面说明河南城乡居民家庭人均消费支出增长间的差距不仅没有缩小，反而有扩大之势。

---

① 从河南省统计年鉴来看，关于“生活消费支出”农村居民家庭和城镇居民家庭的统计口径不一致，农村称之为“农村居民家庭人均生活消费支出”，城镇称之为“城镇居民家庭人均消费支出”，因此本文是用“农村居民家庭人均生活消费支出”与“城镇居民家庭人均消费支出”数据进行比较的。

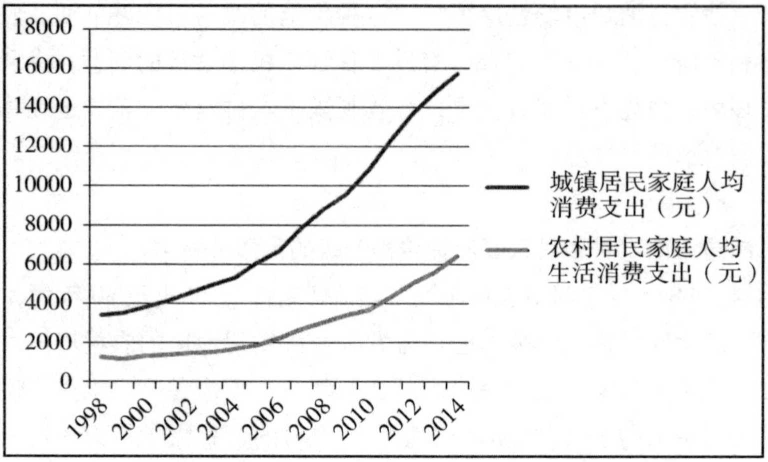

图 4 1998—2014 年河南省城乡居民人均消费支出比较

从河南农村居民家庭的人均生活消费支出与城镇居民家庭的人均消费支出二者间差额看，城镇居民的人均消费支出远高于农村居民的生活消费支出水平。1998 年河南城乡居民人均消费支出间的差额为 2176 元，城镇居民家庭的人均消费支出是农村居民家庭人均生活消费支出的 2.8 倍；2005 年二者间的差额扩大到 4146 元，城镇居民家庭人均消费支出是农村居民家庭人均生活消费支出的 3.2 倍；2009 年二者间的差额扩大到 6179 元，2013 年二者差距为 9195 元（如表 21 所示）。

表 21 1998—2014 年河南省城乡居民人均消费支出差距

单位：元

年份	城镇居民	农村居民	城乡之差	城乡之比
1998	3416	1240	2176	2.75
1999	3498	1164	2334	3.01
2000	3830	1316	2514	2.91
2001	4110	1376	2734	2.99
2002	4504	1452	3052	3.1
2003	4941	1509	3432	3.28
2004	5294	1664	3630	3.18
2005	6038	1892	4146	3.19
2006	6685	2229	4456	3

续表

年份	城镇居民	农村居民	城乡之差	城乡之比
2007	7828	2676	5152	2. 92
2008	8838	3044	5794	2. 9
2009	9567	3388	6179	2. 82
2010	10839	3682	7157	2. 94
2011	12337	4320	8017	2. 86
2012	13733	5032	8701	2. 73
2013	14822	5627	9195	2. 63
2014	15726	6438	9288	2. 44

数据来源：河南省统计年鉴 1997—2015 年。

总之，虽然近年来河南城镇居民人均消费支出与农村居民家庭人均生活消费支出间的差额有所缩小，但前者仍是后者的 2 倍多。

二是河南农村居民家庭的消费倾向低于城镇居民家庭，消费需求潜力还远未释放出来。消费倾向，亦称平均消费倾向，是指任一收入水平上消费支出占可支配收入的比率，反映一个国家或地区居民消费意愿和消费能力。本文对 1998—2014 年河城乡居民的消费倾向进行比较（如图 5 所示）。由图 5 能看出 1998 年以来河南农村居民家庭的消费倾向并未随收入水平的提高得到相应提升，且多数年份低于城镇居民家庭。

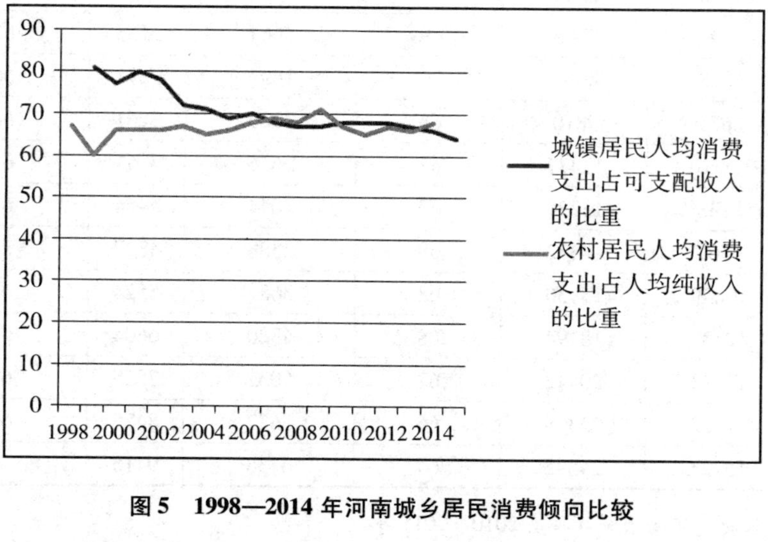

图 5　1998—2014 年河南城乡居民消费倾向比较

收入水平是影响消费支出倾向的重要因素，在居民收入水平较低情况下，往往随着收入水平的提高消费倾向相应提升，但受边际消费倾向递减规律的影响，收入达到一定水平后边际消费倾向将逐步下降。1998 年以来，河南城镇居民家庭随着人均可支配收入的提高，在边际消费倾向递减规律的作用下，消费倾向呈下降趋势，即由 1998 年的 81% 到 2014 年降至 64%，即下降了 17 个百分点。农民家庭的消费倾向则比较稳定，在 66% ~68% 上下波动（如表 22 所示），并未出现随着人均纯收入的增加消费倾向相应上升，这在一定程度上反映因社会保障制度不健全、收入的不稳定等因素的影响，农村居民的消费意愿不强，农村家庭的消费需求潜力还远未得到释放。

表 22　1998—2014 年河南省城乡居民家庭收支及消费倾向比较

单位：元

年份	城镇居民家庭人均			农村居民家庭人均		
	消费支出	可支配收入	消费倾向%	生活消费支出	纯收入	消费倾向（%）
1998	3416	4219	81	1240	1864	67
1999	3498	4532	77	1164	1948	60
2000	3830	4766	80	1316	1986	66
2001	4110	5267	78	1376	2098	66
2002	4505	6245	72	1452	2216	66
2003	4942	6926	71	1509	2236	67
2004	5294	7705	69	1664	2553	65
2005	6038	8668	70	1892	2871	66
2006	6685	9810	68	2229	3261	68
2007	7826	11477	67	2676	3852	69
2008	8838	13231	67	3044	4454	68
2009	9567	14372	68	3388	4807	71
2010	10839	15930	68	3682	5524	67
2011	12337	18194	68	4320	6604	65
2012	13733	20442	67	5032	7525	67
2013	14822	22398	66	5627	8475	66
2014	15726	24392	64	6438	9416	68

资料来源：河南省统计年鉴 2010—2015 年。

三是从生活消费支出构成看，农村居民家庭的发展资料消费与享受资料消费支出水平仍然较低。按消费目的划分，生活消费可分为生存资料消费、发展资料消费与享受资料消费。生存资料消费是指用于满足人类基本生存需要的物质和劳务消费，如衣、食、住等基本生活必需品的支出；发展资料消费是指用于满足德智体等方面的消费，凡用于提高知识和技术技能方面的开支都属于发展资料消费；享受资料消费是指人们对生存发展需要得到满足后，为进一步丰富自己生活而进行的消费，如旅游、娱乐等。在居民的消费构成中，生存资料消费与发展资料消费、享受资料消费三者在生活消费总支出中的占比，在一定程度上反映消费水平的高低，一般情况下生存性资料消费占比越高说明消费水平层次越低，后两种消费支出占比越高反映消费水平的层次越高。根据上述分类标准，本文粗略地对河南城乡居民家庭生存资料消费、发展资料消费与享受资料消费进行比较（如表23所示）得出：河南无论是城镇居民还是农村居民在消费支出构成中，发展资料消费与享受资料消费提升空间都很大，但总体看，城镇居民家庭用于发展资料消费与享受资料消费的支出在生活消费总支出中的占比高于农村居民家庭，在某种程度上说明城镇居民消费水平的层次高于农村居民，消费结构上比农村居民家庭更合理。

表23　2000—2015年河南城乡居民家庭年人均消费支出构成比较

年份	2000		2005		2010		2012		2015	
	城镇	农村	城镇	农村	城镇	农村	城镇	农村	城镇	农村
食品	1387	654	2068	859	3576	1371	4608	1702	4819	4819
衣着	461	87	806	132	1445	262	1886	424	1798	1798
居住	547	206	652	318	1080	765	1191	1061	3391	3391
家庭设备、用品及服务	313	69	376	83	867	254	1145	362	1382	1382
交通和通讯	246	56	637	160	1375	401	1730	525	1874	1874
教育文化娱乐用品及服务	407	133	806	178	1137	250	1525	344	1992	1992
医疗保健	281	64	472	123	941	288	1086	469	1365	1365
其他商品	189	46	122	39	418	90	562	146	533	533
消费总支出	3830	1316	6038	1892	10839	3682	13733	5032	17154	7878

注：食品烟酒项，农村家庭为食品数据；生活用品及服务项，农村家庭为家庭设备、用品及服务数据；教育文化娱乐项，农村为文化、教育、娱乐用品及服务数据；2015年为新口径。

资料来源：河南省统计年鉴2009—2016年。

以2000年为例，河南城镇居民家庭人均食品消费支出为1387元，占消费支出3830元的36.2%；衣着消费为461元，占消费支出的12%；居住消费为547元，占消费支出的14.3%；交通和通讯消费为246元，占消费支出的6.4%，即生存资料方面的支出约占消费支出的68.9%；发展资料消费与享受资料消费即教育文化娱乐用品及服务支出为407元，约占消费支出的10.6%。2000年农村居民家庭人均食品消费为654元，占生活消费支出1316元的49.7%；衣着消费为87元，占生活消费支出的6.6%；居住消费为206元，占生活消费支出的15.7%；交通和通讯消费为56元，占生活消费支出的4.3%，即生存资料方面的支出约占生活消费总支出的76.3%，发展资料消费与享受资料消费即教育文化娱乐用品及服务支出为133元，约占生活消费总支出的10.1%。通过上述数据比较可见：城镇居民用于生存消费资料上的支出低于农村居民7.4个百分点，用于发展资料消费与享受资料消费的支出二者在消费支出中的占比，城镇居民家庭高于农村居民家庭0.5个百分点；但从二者的差额看，城镇居民家庭消费支出是农村居民家庭生活消费支出的2.9倍，用于发展资料消费与享受资料消费的支出是农村居民家庭的3倍多。

2005年，河南城镇居民家庭人均食品消费支出为2068元，占消费支出的34.2%；衣着消费为806元，占消费支出的13.3%；居住消费为652元，占消费支出的10.8%；交通和通信消费为637元，占消费支出的10.5%，即生存资料方面的支出约占消费支出的68.8%；发展资料消费与享受资料消费为806元，约占消费支出的13.3%。2005年农村居民食品消费占生活消费支出的45.4%，衣着消费占生活消费支出的6.9%，居住消费占生活消费支出的16.8%，交通和通讯消费占生活消费支出的8.4%，即生存资料消费支出约占生活消费支出的77.5%，发展资料消费、享受资料消费支出为178元，约占生活消费支出的9.4%。由上面数据分析可见，城镇居民消费水平和消费层次均高于农村居民：一是城镇居民用于生存消费方面的支出低于农村，城镇居民占消费支出的68.8%，农村居民占生活消费支出的77.5%，前者低于后者8.7个百分点；二是城镇居民用于发展资料消费与享受资料消费方面的支出高于农村居民，城镇居民为806元占消费支出的13.3%，农村居民为178元约占生活消费支出的9.4%，即城镇居民家庭高于农村居民家庭628元，是农村居民家庭的4.5倍多；三是从用于发展资料消费与享受资料消费支出的增速来看，城镇居民快于农村居民，2005 年与 2000 年相比城镇居民家庭用于发展资料消费与享受资料消费支出增长了 98%，而农村居民家庭仅增长了 34%。

2010 年，城镇居民家庭人均食品消费占人均消费支出的 33%，衣着消费占消费支出的 13.3%，居住消费占消费支出的 10%，交通和通讯消费占消费支出的 12.7%，即生存性消费约占消费支出的 69%，发展消费、享受消费约占消费支出的 10.8%；农村居民家庭人均食品消费占生活消费支出的 37.2%，衣着消费占生活消费支出的7.1%，居住消费占人均生活消费支出的20.8%，交通和通讯消费占生活消费支出的 10.9%，即生存性消费约占总支出的 76%，而人均发展消费、享受消费约占人均生活消费支出的 6.8%。由上面数据分析可见，城镇居民的消费水平和消费层次高于农村：一是城镇居民用于生存消费方面的支出低于农村，城镇居民占消费支出的 69%，农村居民占生活消费支出的 76%，前者低于后者 7 个百分点；二是城镇居民发展资料消费与享受资料消费的支出高于农村居民，城镇居民为 1137 元占消费支出的 10.8%，农村居民为 250 元，约占生活消费支出的 6.8%，即城镇居民家庭高于农村居民家庭 887 元，是农村居民家庭的 4.5 倍多；三是从发展资料消费与享受资料消费增速来看，城镇居民快于农村居民，2010 年与 2005 年相比城镇居民家庭用于发展资料消费与享受资料消费支出增长了 41%，而农村居民家庭增长了 40%。

2015 年，城镇居民家庭人均食品消费占人均消费支出的 28%，衣着消费占人均消费支出的 10.5%，居住消费占人均消费支出的 20%，交通和通讯消费占人均消费支出的 10.9%，即生存性消费约占消费支出的 69.4%，而人均发展消费、享受消费约占消费支出的 11.6%；农村居民家庭人均食品消费占生活消费支出的29.2%，衣着消费占生活消费支出的8.3%，居住消费占生活消费支出的 20.8%，交通和通讯消费占生活消费支出的 12.3%，即生存性消费约占生活消费支出的 70.1%，而发展消费、享受消费约占人均生活消费支出的 10.8%。由上面数据分析可见：随着农村家庭收入水平的提高，用于发展资料消费与享受资料消费出现了较快增长，二者用于发展资料消费与享受资料消费支出在总支出中的占比差距缩小，由 2010 年的 4 个百分点缩小为 0.1 个百分点；从用于发展资料消费与享受资料消费支出的增速来看，农村家庭快于城镇家庭，2015 年与 2010 年城镇居民家庭用于发展资料消费与享受资料消费支出增长了 75%，而农村居民家庭增长了 240%，但是城镇居民仍然高出农村 1141 元。

总之，2000—2015年，虽然农村居民家庭用于发展资料消费与享受资料消费由133元增加到851元，增长了5倍多，但人均支出水平仍然较低，城镇居民家庭相关支出一直为农村家庭的2倍以上，说明农村居民家庭生活消费支出结构升级空间非常大，今后河南扩大农村居民消费需求，应把发展资料消费与享受资料消费作为着力点。

四是农村居民家庭的主要耐用消费品拥有量仍有较大提升空间。耐用消费品的消费构成和层次反映一个国家或地区的消费水平。尽管洗衣机、电冰箱、彩色电视机等耐用消费品在农村居民家庭日益普及，但无论是从每百户主要家电拥有量看，还是从耐用消费品构成看，农村居民的水平仍低于城镇居民。洗衣机、电冰箱、空调、家用电脑、家用汽车等主要耐用消费品的每百户拥有量，尽管近年来河南农村居民家庭的拥有量快速增加，但由表24能看出在耐用消费品的消费结构升级方面，农村居民家庭的空间仍很大。如洗衣机，2004年河南城镇居民家庭每百户拥有量比农村高出55.8台，2011年高出6.7台，但2015年仍比农村高出5.7台。再以空调为例，2006年城镇居民家庭每百户拥有量比农村高出94台，2011年高出87.1台，2015年仍比农村高出80.9台。城镇居民家庭每百户拥有家用电脑、家用汽车的数量比农村居民家庭高出的就更多，2011年城镇居民家庭拥有家用电脑的数量是农村家庭的3.5倍，2015年仍是农村的2.8倍。2011年城镇居民家庭拥有家用汽车的数量是农村家庭的1.5倍，2015年是农村的2倍多。

表24　河南农村和城镇居民家庭每百户主要耐用消费品年末拥有量

年份	2011		2012		2013		2014		2015	
	农村	城镇	农村	城镇	农村	城镇	农村	城镇	农村	城镇
洗衣机（台）	91.1	97.8	92.6	99.7	91.6	97.4	89.8	97.6	92.9	98.6
电冰箱（台）	63.3	90.8	66.9	93.4	71.9	91.9	73.1	90.2	79.1	94
空调机（台）	33.2	120.3	37.2	137.7	46.2	127.1	48.1	124.6	54.8	135.7
家用电脑（台）	16.2	57	20.2	74.4	22.9	79.9	24.4	74.6	26.6	74.4
家用汽车（辆）	4.6	6.8	5.1	15.6	9	15.8	10.1	20.2	12	24.1

注：家用汽车项，农村家庭2011—2013年为生活汽车项数据。

资料来源：河南省统计年鉴2012—2016年。

总之，通过对河南农村居民家庭与城镇居民家庭消费在生活消费支出增长速度、消费倾向、消费支出构成、主要耐用消费品拥有量的比较，农村居民家庭的消费水平、消费层次都均低于城镇居民，消费结构升级仍存在较大空间，如果农民收入能继续增加，或引导农民消费的政策更契合农村实际，就有可能把潜在消费需求进一步释放出来。

（二）制约农村居民家庭消费结构进一步升级的主要因素

制约消费结构升级的因素很多，本文主要从居民收入、社会保障、消费环境三个方面探究影响河南农村居民家庭消费结构进一步升级的原因。

1. 居民收入方面

收入作为居民消费的硬约束，是影响居民消费结构升级的最关键因素。就河南农村而言，收入制约消费结构进一步升级主要体现在以下三个方面：

一是农村居民人均收入的增长速度长期落后于 GDP 的增长速度。尽管河南农村居民家庭收入的增长速度不断加快，但长期以来一直落后于 GDP 的增速，这是制约农村居民家庭消费水平提升、消费结构升级的根本原因。改革开放以来，河南经济增速一路高歌猛进，但居民收入增长的速度赶不上经济总量增长的速度，且居民收入增长的速度长期落后于 GDP 的增速，尤其农村居民。由图 6 能看出，1998 年以来河南人均 GDP 变化曲线与农村居民家庭人均纯收入变化曲线间的距离不仅没有缩小，反而呈现扩大趋势。以二者的差额看，从 1998—2015 年，河南农村居民家庭人均纯收入从 1864 元增加到 10853 元，增长了 4.8 倍；而人均 GDP 则从 4643 元增加到 39123 元，增长了 7.4 倍。

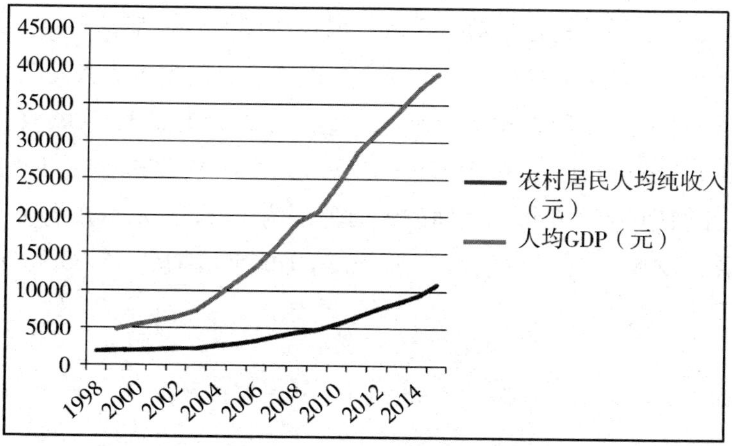

图 6　1998—2015 年河南省农村居民人均纯收入与人均 GDP 比较

数据来源：河南省统计年鉴 2016 年。

二是城乡居民收入间的差距拉大。河南农村居民收入增长的相对速度不仅赶不上人均 GDP 的增长速度，而且赶不上城镇居民收入的增速，由图 7 能看出 1998 年以来河南省城镇居民的人均可支配收入变化曲线与农村居民家庭人均纯收入变化曲线间的距离不仅没有缩小，反而呈现扩大趋势。

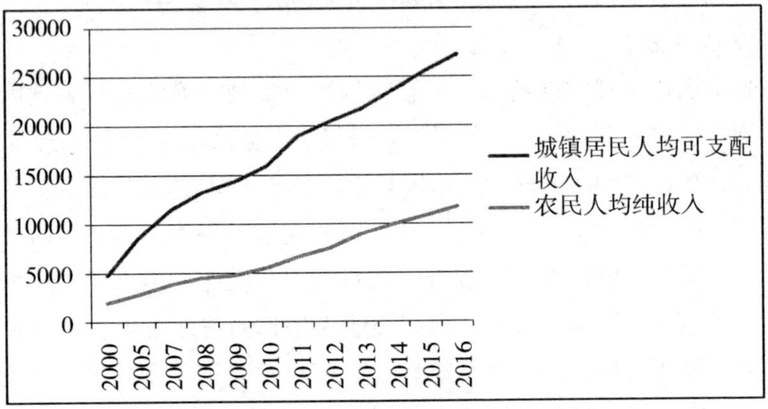

图 7　1998—2016 年河南省城乡居民人均收入比较

城乡居民收入间的差距有扩大的趋势包含两层意思：一是农民收入起点低，增长的绝对速度较慢；二是农村居民收入与城镇居民收入相比，增长的速度相对较慢。无论是静态比较还是动态比较，城乡居民的收入都具有较大差距，而且这种差距有进一步扩大趋势。1998 年，河南省农村居民家庭人均收入为 1864 元，城镇居民人均可支配收入为 4219 元，绝对差距为 1∶2.3；2003 年绝对差距扩大到 1∶3.1；2004 年以来河南省农村居民家庭的人均收入有一定增长，城乡收入差距逐渐缩小，2016 年二者间的绝对差距为 1∶2.3。从城乡居民人均收入的差额来看，1998 年二者差额为 2355 元，2016 年增加到 15536 元（如表 25 所示）。

表 25 1998—2017 年河南省城乡居民人均收入差距

单位：元

年份	城镇居民人均可支配收入	农村居民家庭人均纯收入	城乡居民人均收入差额	城镇居民可支配收入与农村纯收入之比
1998	4219	1864	2355	2.3
1999	4532	1948	2584	2.3
2000	4766	1986	2780	2.4
2001	5267	2098	3169	2.5
2002	6245	2216	4029	2.8
2003	6926	2236	4690	3.1
2004	7705	2553	5152	3.0
2005	8668	2871	5797	3.0
2006	9810	3261	6549	3.0
2007	11477	3852	7625	3.0
2008	13231	4454	8777	3.0
2009	14372	4807	9565	3.0
2010	15930	5524	10406	2.9
2011	18194	6604	11590	2.7
2012	20442	7525	12917	2.7
2013	22398	8475	13923	2.6
2014	24392	9416	14976	2.6
2015	25576	10853	14723	2.4
2016	27233	11697	15536	2.3

数据来源：河南省统计年鉴 2009—2017 年。

三是各市收入水平发展不均衡。河南省各地区间经济、社会发展不平衡，按产业结构类型，大致可分为农业区、工业区、农业工业区。农业区以豫东南的驻马店、周口、商丘为主；农业工业区以豫北的安阳、新乡、濮阳，豫中的漯河、许昌，豫西的洛阳、三门峡，豫南的南阳、信阳为主；工业区以豫中的郑州、许昌、焦作为主。① 由表 26 分析可见，1990—2008 年郑州、焦作、许

① 路燕．河南不同类型区农民收入差异分析及增收对策［J］．农业科技管理，2009（3）：66－68.

昌、济源四市是农村居民家庭人均收入最高的地区；驻马店、商丘、周口三市是农民收入水平普遍较低的地区。河南省三种类型区农民人均纯收入差异显著：工业区农民人均纯收入高于农业工业区，而农业工业区又高于农业区。2008 年河南省农村居民家庭人均收入最高的地区为郑州市，人均收入为 7548 元；农村居民家庭人均收入最低的地区为周口市，人均收入仅为 3605 元；郑州市农村居民家庭人均收入是周口市的 2 倍多。2008 年河南农村居民家庭人均收入在 5000 元以上的地市共 8 个，占总地市的近 30%；农村居民家庭人均收入在 4000 元以下的地市有 3 个，占总地市的 17%。由上述可见这一时期河南省的各地市之间农村居民家庭人均收入水平存在明显的地区差距。

表 26　1990—2008 年河南省农民人均纯收入地区差异

排名	1990	市	1995	市	2000	市	2005	市	2008	市
1	692	郑州	1779	焦作	2912	郑州	4774	郑州	7548	郑州
2	675	焦作	1555	郑州	2564	焦作	3889	济源	6176	济源
3	615	安阳	1532	济源	2520	许昌	3831	焦作	6130	焦作
4	612	开封	1530	漯河	2425	济源	3643	许昌	5840	许昌
5	601	新乡	1467	新乡	2303	漯河	3469	鹤壁	5495	鹤壁
6	601	济源	1447	许昌	2165	新乡	3319	漯河	5230	漯河
7	571	鹤壁	1299	安阳	2161	三门峡	3220	安阳	5190	安阳
8	541	濮阳	1285	鹤壁	2129	安阳	3133	新乡	5038	新乡
9	537	三门峡	1245	周口	2105	鹤壁	2935	三门峡	4680	三门峡
10	531	漯河	1183	三门峡	2096	开封	2903	洛阳	4597	洛阳
11	530	许昌	1167	开封	1976	洛阳	2894	南阳	4570	南阳
12	514	周口	1124	南阳	1967	平顶山	2714	开封	4420	平顶山
13	492	平顶山	1121	平顶山	1916	信阳	2707	信阳	4355	开封
14	487	南阳	1114	濮阳	1915	周口	2688	平顶山	4272	信阳
15	450	信阳	1086	驻马店	1905	驻马店	2486	驻马店	4065	濮阳
16	449	驻马店	1056	信阳	1889	南阳	2472	濮阳	3900	驻马店
17	439	洛阳	1040	洛阳	1845	濮阳	2346	商丘	3750	商丘
18	438	商丘	980	商丘	1815	商丘	2276	周口	3605	周口

资料来源：河南省统计年鉴 2006—2009 年。

尽管2009年以来，河南各地市农村居民家庭人均收入水平普遍得到提高，2016人均收入在10000元以上的地市有13个，占总地市的72%；农村居民家庭人均收入在9000元以下的地市有2个，占总地市的11%。由表27分析可见，河南省的各地市之间农村居民家庭人均收入仍存在明显的地区差距。2010年以来郑州、焦作、许昌、济源四市仍是农村居民家庭人均收入最高的地区；驻马店、商丘、周口三市仍是农村居民家庭人均收入普遍较低地区。2015年河南省农村居民家庭人均收入最高的地区仍为郑州市，人均收入为17125元；农村居民家庭人均收入最低的地区仍为周口市，人均收入8576元，郑州市农村居民家庭人均收入为周口市的2倍。

表27 河南省农民人均纯收入地区差异

单位：元

年份	2010	2011	2012	2013	2014	2015
郑州市	9225	11050	12531	14009	15470	17125
开封市	5390	6492	7414	8355	9316	10304
洛阳市	5680	6822	7777	8756	9669	10667
平顶山市	5504	6578	7518	8541	9489	10450
安阳市	6359	7586	8618	9670	10680	11721
鹤壁市	6813	8271	9388	10608	11709	12995
新乡市	6241	7532	8647	9728	10730	11772
焦作市	7512	8902	10113	11367	12518	13751
濮阳市	5077	6082	6945	7904	8828	9790
许昌市	7197	8651	9819	11007	12140	13355
漯河市	6460	7700	8765	9876	10893	11980
三门峡市	5787	6929	7906	8926	9979	11084
南阳市	5666	6776	7762	8729	9741	10777
商丘市	4674	5637	6426	7217	8025	8885
信阳市	5311	6153	7008	7982	8868	9844
周口市	4510	5448	6199	6950	7742	8576
驻马店市	4861	5804	6599	7437	8270	9174
济源市	7784	9341	10648	11958	13165	14469

注：2014年统计标准把“农民纯收入”调整为“农民可支配收入”。

资料来源：河南省统计年鉴2012—2016年。

制约河南农村居民收入水平提升的原因也是多方面的，主要原因可归纳为以下五个方面：

一是财政支农政策尚需进一步完善。在市场经济条件下，农业的脆弱性与在国民经济中的重要地位，客观上要求在国家财政上加大对农业的支持力度，以弥补市场机制在资源配置中的局限，然而长期以来中国因种种原因，在财政性收入方面偏向城镇居民，尽管近年来国家在逐步改变这一局面，但农村居民的财政性收入仍较低，城镇偏向的总体格局并未得到根本改变。

二是农村劳动力总体素质较低，不利于转移就业和增加工资性收入。据对河南全省93个县（市、区）的农民工2013年上半年的监测调查，在外出从业人员中，初中以下文化程度的占75.7%，高中文化程度的占16.2%，大学专科及以上文化程度的仅占8.2%；在农村外出务工者所从事职业中，专业技术人员仅占13.6%。因文化程度较低，专业技术技能缺乏，在外出从业人员从事的职业层次一般都偏低，95%以上的人员从事的是建筑业、制造业、服务业等劳动密集型产业。从工资水平看，在外出从业人员2012年人均月工资为2315元，其中，月薪低于1600元的占外出务工人数的15.9%，月薪在1600~3000元的占60.1%，月薪在3000元以上的仅占24.0%①。随着中国经济发展方式的转型升级，高新技术产业的兴起，文化素质较低农民的转移领域将越来越窄，农民外出就业增收的难度将越来越大。

三是第一产业生产成本较高，影响农民增收。受农资、用工价格上涨等因素影响，种粮收益较低。统计资料显示，河南2005—2012年的8年间（除2009年外）农资价格均呈上涨态势，总体涨幅超过50%，因生产成本的上涨，使国家惠农政策带给粮农的利益部分被蚕食，粮农因粮价提高所得收益的49.5%被增加的生产成本所抵消。据河南省地方经济社会调查队对全省40个县（市、区）600个农户粮食的生产成本及收益调研，2012—2013年河南农民平均每户种植小麦的生产收益仅为1879元，粮农辛辛苦苦劳作一季、时长达半年的收益比外出务工一个月的工资还少436元。上述情况目前并未得到明显改善，据河南省地方经济社会调查队监测调查，2016年农民种植每亩小麦的总产值为

---

① 河南省居民收入倍增计划的可行性研究［EB/OL］. http：//www.ha.stats.gov.cn/sitesources/hntj/page_ pc/tjfw/tjfx/qsfx/ztfx/articlef7f22abe5b2b498aaf15c104bf3dc010.html.

997.8元，扣除568.2元的生产成本后，收益仅为429.6元①，农民种植秋粮的亩均生产收益仅为297元。② 四是农村居民通过发展第一产业增收的空间受限。河南粮食已连续多年增产，在农业科技水平未获得新的重大突破情况下，持续增产的空间非常有限。首先，河南人多地少问题非常突出，通过农业集约化发展、扩大种植面积增产进而实现增加收入目的难以成行；其次，城乡居民收入水平、生活质量得到较大改善，主要农产品需求的收入弹性下降。需求的收入弹性是指在价格和其他因素不变情况下，因消费者的收入变化引起的需求数量变化的程度不同。当前河南农业产业化水平不高、多数处在价值链的末端，畜牧业大而不强，抗市场波动的能力较弱；产业增收面临着规模、效益的突破，要突破增产不增收困局尚待时日。

五是城镇化水平制约着非农业增收。城镇化发展对增加农民就业水平，促进劳动力转移、拓宽农民收入渠道具有重要作用。2000年以来河南省城镇化发展速度不断加快，2000年城镇化率为23.2%，2010年增至37.7%，2016年增加到48.5%。河南的城镇化率就全国来看，一直低于全国平均水平，2016年仍低于全国8.9个百分点。河南中等城市较多，缺少大城市的要素聚集能力，产业层次较低，对农村地区的辐射带动能力不强，城镇化发展水平对农村劳动力转移的吸纳能力不足，也在一定程度上影响着农民非农业收入的增加。

2. 社会保障方面

社会保障体系是经济运行的“减震器”，社会发展的“稳定器”，实现社会公平的“调节器”。社会保障制度是在政府的管理之下，以国家为主体，依据一定的法律法规，通过国民收入的再分配，以社会保障基金为依托，对公民在暂时或者永久性失去劳动能力以及因各种原因，生活发生困难时给予一定的物质帮助，用以保障居民最基本的生活需要。虽然2004年以来新农合、低保和新农保等社会保障制度的推行和不断完善，增加了贫困人群的收入，减轻了农民消

---

① 成本基本稳定收益有所下降—2016年河南小麦生产成本收益调查分析［EB/OL］. http: //www. ha. stats. gov. cn/sitesources/hntj/page _ pc/tjfw/tjfx/qsfx/ztfx/ar ticle0b1ea02494da4ef09be3407227be9fa2. html.

② 河南秋粮种植收益持续减少—2016年秋粮成本收益调查分析［EB/OL］. http: //www. ha. stats. gov. cn/sitesources/hntj/page_ pc/tjfw/tjfx/qsfx/ztfx/article5610febfe26a4bbd94d6a73b9e6152a4. html.

费的一些后顾之忧，在一定程度上了激发了农村的消费需求，优化了部分家庭的消费结构，但农村居民的社会保障水平仍较低、城乡差距大等问题仍是制约农村居民家庭消费结构升级的关键因素。

（1）农村社会保障水平低，城乡差距大。我国受城乡二元体制的长期影响，社会保障对象长期以来主要限于城市居民，针对广大农村居民的社会保障建设严重滞后。尽管近年来实施新农合、低保和新农保等社会保障制度，但基本保障制度覆盖面较窄，城乡间、不同群体间社会保障待遇差距较大。城乡居民社会保障间的差距主要体现在四个方面：一是城镇居民享受的社会保障项目多于农村居民；二是城镇居民的社会保障覆盖面大于农村居民。从参加社会保障人口占总人口的比例看，城镇居民的覆盖面远高于农村居民。2012 年河南农民外出从业人员中，没有同用人单位或雇主签订劳动合同的占 68.3%，每天平均工作 10 小时以上的占 47.3%；用人单位或雇主为农民工提供养老保险、工伤保险、医疗保险、失业保险的比例非常低，分别占 5.1%、14.1%、7.4%、2.4%。三是城镇居民的社会保障标准高于农村居民。据河南省养老局统计，2012 年城镇离退休职工（包括机关、事业、企业）人均领取养老金为 1697 元，而参加农村社会养老保险的农民人均领取的养老金为 791 元，前者是后者的 2.1 倍。2013 年河南省城乡居民最低生活保障“底线”规定：城市低保月标准原则上不低于 300 元，农村低保月标准原则上不低于 150 元，前者是后者的 2 倍。四是城镇居民社会保障的层次高于农村居民。城镇居民享受的社会保障具有层次性，而农村居民则处于同一低水平上。据 2013 年 6 月国家统计局河南调查总队对农村养老状况进行的专题调查，“家庭养老”传统观念根深蒂固，养老资金来源单一，资金的来源主要是土地、房屋和子女供奉，最大的难题是医疗保障问题，政府养老“点多面窄”，力量薄弱。调查发现，农村老年人 80% 的养老资金用于吃、穿等基本生活方面，20% 的养老资金用于医疗健康，文化娱乐消费几乎是空白。①

（2）传统的农村社会保障功能弱化。中国农民世代生活于土地之上，以土地为生活依托，家庭为基本生产单位，同时发挥着生活保障功能。新形势下，

① 河南省居民收入倍增计划的可行性研究 [EB/OL]. http://www.ha.stats.gov.cn/sitesources/hntj/page_pc/tjfw/tjfx/qsfx/ztfx/articlef7f22abe5b2b498aaf15c104bf3dc010.html.

因经济结构的变化，使传统的以家庭和土地为主的农村社会保障功能弱化，主要表现在两个方面：一是家庭保障功能的弱化。河南省是农业大省，受传统观念的影响深，家庭一直承担着社会保障的功能。随着农村经济的发展、计划生育政策的影响，农村家庭结构也发生了显著变化，传统的大家庭结构被消解，同时随着人口老龄化的加剧，家庭的负担加重，家庭的保障功能弱化。目前我国面临着人口老龄化的严峻局面，其中农村人口老龄化程度高于城镇是我国人口老龄化的突出特点。2010 年第六次人口普查结果，河南男 60 岁女 55 岁以上人口达 1482.5 万人，占常住人口的 15.8%；2015 年河南省 60 岁以上占常住人口的 15.7%，养老保障体系承受着巨大压力。二是土地保障功能弱化。土地是农村社会的核心要素，是河南农民收入的重要来源，但随着城镇化加速发展，农用耕地面积缩小，失去土地的农民数量不断增加。2007—2015 年农业经营性收入在河南农村居民家庭人均纯收入中占比一再下降，由占人均纯收入的 72% 下降到 52%，下降了 20 个百分点。农业经营性收入在农村居民家庭收入构成中占比一再降低，说明土地作为农村居民的收入和生活保障的作用下降，越来越多的农民需要外出务工，不仅增加了收入的不确定性，而且造成大批“空巢老人”“留守儿童”。

（3）农村“因病返贫”现象依然存在。虽然新农合制度不断完善，每年有几十万甚至上百万城乡家庭得到救助，由表 18 能看出 2006—2015 年河南共发放城乡医疗救助金 49.68 亿元，共救助 2174.39 万人，在一定程度上缓解了因病致贫问题，但并不能从根本上解决“因病返贫”现象的发生。因人口老龄化、医疗技术和设备的进步等多方面的原因，城乡居民所承担的医疗费用逐年上升，医疗费用上升速度超过了农民收入增长的幅度，新农合难以解决大众因大病承担的医疗费用。

3. 农村消费环境的影响

近年来，河南农村的消费环境得到一定改善，但因种种原因，基础设施仍显脆弱，消费环境仍是制约农村居民消费水平提高、消费结构升级的重要因素，主要体现在以下方面：

（1）消费硬环境尚需进一步优化。消费硬环境仍存在不少需要完善的地方，影响农村消费结构升级，归纳起来主要体现在以下方面：

一是基础设施建设水平相对较低。基础设施的完善程度，不仅决定着乡镇聚集效应，还关系着广大农村的运行效率及发展潜力。截至2014年年底，河南省有1359个乡镇燃气普及率不足50%，占乡镇总数的73.9%。总体来看，乡镇基础设施建设水平仍相对较低。①

二是消费市场基础设施仍显脆弱。河南多数农村的消费品市场仍为集市贸易，集市上固定的摊位较多的仍是原来供销社留下来的老地方，加上后来新建的部分店铺，这些固定商店经销的有服装、家电、家具等，然后较多的就是流动地摊，经营的有日杂用品、蔬菜、瓜果以及现做现卖的小吃等。交易区域有统一规划的一般都建有遮阳篷，没有统一规划的没有遮阳篷，市场卫生状况较差，多数是席地而坐展开交易的。

三是物流配送能力相对薄弱。从目前发展起来的网络销售看，农村消费与物流配送能力的强弱有很大关系。一些物流公司将服务延伸到的乡镇或农村，网络购物发展就较快，因基础设施建设滞后，比较偏远地区的网络购物发展较慢。目前在农村淘宝发展较好的地方，网上购物较普遍，网上购物的优惠、便捷大大方便农民生活，调查显示，在参加网购人群中，选择可买到以前不知道的商品，提高生活质量约占40.7%；选择商品价格更实惠的约占38.7%。可以说网购给农民带来了实实在在的实惠，这些实惠，须通过健全的物流配送才能实现。②

（2）消费软环境的制约。受消费习俗、观念等因素的影响，消费软环境也需要进一步优化，主要表现以下四个方面：

一是婚丧嫁娶、建房盲目攀比、过度消费制约着农村居民家庭消费结构的升级。河南广大农村居民在婚丧嫁娶、建房上相互攀比、大操大办的现象仍然非常普遍。农村青年结婚支出浩大，削弱了扩大再生产能力，且高价媳妇常常引起家庭不和，影响社会的安定。农村青年从认亲、走亲到出嫁结婚，支出很大，如“见面认亲”“谢媒人”“访家”、过年过节、结婚“看日子”都要花钱。对大部分农民来说，孩子结婚首先要有一幢像样的房子，且建房标准越来越高，10年前花上五六万元建一幢普通住房就算不错了，而现在花二三十万已不是什

① 2015年河南省乡镇社会经济发展情况报告［EB/OL］. http：//www.ha.lwzb.cn/sitesources/hntj/page_ pc/tjfw/tjfx/qsfx/ndfx/article71b4fc2f668c42c98c0469454c34411b.html.

② 三门峡市农村消费品市场调研报告［EB/OL］. http：//www.ha.stats.gov.cn/sitesources/hntj/page_ pc/tjfw/tjfx/sxsfx/ztfx/article9ec3d5cab14940a396b0417e3d800fb7.html.

么新鲜事。男青年找对象，彩礼一般支出在 10 万元左右，除嫁妆外，还需购买汽车、金首饰等，越来越多农村居民把喜宴摆到酒楼，单是宴席这一项费用就需要数万元。据初步估算，农村男青年结婚，如果加上翻盖房屋费用，花费在 20 ~ 50 万元。农民对婚丧嫁娶大操大办，这种消费观念加重了农民的隐性负担，不利于农村家庭消费结构的升级，因为农民的建房、婚丧嫁娶消费额都具有延期性。河南农民的收入水平仍较低，为保障住房、婚姻、教育、医疗、养老开支等消费支出，农民只有在平时压缩日常生活消费支出。

二是人情消费支出负担重。所谓人情消费是指人与人之间正常交往中的感情投资，是在日常生活中人与人之间人情往来方面的消费支出，具有加深情感和促进交往的功能。河南为中华文明的重要发祥地，受传统礼仪文化等因素影响较深，礼尚往来的人情消费是中国人古老的传统，也是一种沟通人际关系的重要方式。随着人们交往范围的扩大，需要维系的亲情、友情、乡情、同事情等范围也不断扩大，人情消费作为礼尚往来的必要支出，在当今中国社会已演变成为一种普遍现象且不断升格。因婚丧嫁娶、添丁增岁、看病求医、乔迁新居、升学拜师等各种由头引起的五花八门的“人情礼”难以胜数，碰上“好”日子，有的家庭几口人得分赴几家赶场。人情消费逐渐演变成为“人情债”，成为河南城乡居民的一大经济负担，为了面子，为了还“人情债”，每年必须支出一大笔费用。据笔者以“你为人情消费所累吗”的调查显示：超 50% 认为“人情消费”是负担，然而事到临头，又往往碍于面子，互相攀比，不请客怕人家说“小气”；不送礼又怕人家说不讲义气，于是形成了人情消费的怪圈，这种超载的人情消费不仅加重了城乡居民的消费支出，也在一定程度上制约着农民家庭消费结构的升级。

三是不文明生活习俗的影响。少数农村居民生活富裕后，不是增加发展性消费等，而因缺乏健康的信仰和追求，在迷信、赌博等不健全消费上支出较大。有些地区农民手中有一定的积蓄，不是把收入用于提高生活质量，而是用于建造庙宇、修造坟墓。赌博现象在农村比较普遍，一些农民“不吃不喝，留钱赌博”，整日扎在“茶馆”“牌场”，赌博方式不断翻新，赌资由几角钱逐渐上升到了成千上万元。

四是重积累轻消费观念影响消费结构的升级。“节俭”“量入为出”“重积累”观念影响着广大农民家庭的消费思想和消费行为。据调查，80% 的调查对象表示不会选择借款或贷款消费。"量入为出"消费观念突出,"攒钱养老"、"积累为后"的消费心理,"勤俭节约、艰苦朴素"的传统观念,"能自己种的不买,能凑合用的不换,能不花钱的不花"的基本消费思想对河南农村居民影响比较深,也在一定程度上影响"家电下乡"工程、"万村千乡"工程等惠农政策的实施效果,也制约着农民家庭消费结构的优化、消费层次的提高。

四、推进农村消费结构升级的若干建议

"持续扩大有效需求"是《河南省国民经济和社会发展第十三个五年规划纲要》的重点建设任务之一,《纲要》提出要"增强消费拉动经济增长的基础作用,实施消费促进工程,营造便利放心的消费环境,促进汽车、住房、家居家电等传统支柱消费领域升级换代,支持服务、信息、绿色、时尚、品质等新兴消费,挖掘农村消费潜力,稳步扩大居民消费"。可见,农村仍是河南扩大消费需求的重要着力点,推进城乡居民消费环境的改善、促进消费结构升级是扩大消费需求的关键。本文通过对 1998 年以来河南农村消费结构升级情况的探讨,对河南未来促进农村居民家庭消费结构的升级问题有如下思考。

(一)积极推动农村居民家庭增收

河南农村居民家庭人均收入的增速长期低于河南人均 GDP 的增速,收入水平长期低于城镇居民家庭,与全国平均水平也有较大差距,加之人口基数大,中低收入群体、贫困人口规模大,农村居民收入偏低是制约消费结构进一步升级的根本原因。制约河南农村居民家庭收入水平提升的不利因素很多,只有不断破解制约因素,才能推动农民收入水平进一步提高。

1. 高度重视农民增收问题

农民增收问题是我国"三农"问题的核心,不仅关系到社会稳定、社会经济的发展,也是实现农村扩大有效需求的关键问题,因此各级政府要高度重视农民增收问题,应通过改革与创新拓宽农民的增收渠道,推动农村居民家庭收入水平得到更快提升。

一是通过制度创新,改善农村增收的政策环境。创新是强国之道,制度创新是创新的保证,而增加农民收入,制度创新也应是优先解决的问题,其中制定有利于缩小城乡收入差距的制度、政策是关键。缩小河南城乡居民收入差距的核心工作应是围绕着国民收入的分配结构调整相关制度、政策,不仅要调整

投资政策，加强对农村投资的力度，扭转向城市投资倾斜格局；还要调整财政政策，加大对“三农”的财政支持力度，有效落实国家的各项支农、惠农政策，进一步改善农业生产条件、提高农业抵御自然灾害的能力，形成财政支农资金稳定增长的长效发展机制；而且要调整价格政策，加大对农资价格等的调控力度，降低农业的生产成本，积极化解工农产品价格“剪刀差”问题。

二是加大培训投入，提升农村劳动力素质。一个国家或地区农村劳动力综合素质代表一个国家或地区农村经济文化的发展水平，发达国家的农业劳动生产率较高、农业技术先进、农民生活富裕与农民具有较高的文化素质有很大关系。河南要重视教育与培训对农业人力资本形成的重要作用，特别是要重视培养新型农业从业人员。农业教育与职业培训是农业劳动者能力提升的关键，拥有文化知识、技术技能创新能力的农业劳动者不仅有利于农业经济价值的创造、农业经济的可持续发展，而且有助于农村居民拓宽收入渠道、提高收入水平。

三是转移农村剩余劳动力，提高农业劳动生产率。农村劳动生产率较低、提高速度缓慢，制约着广大农村居民收入的增加。1990—2012 年，河南第一产业的劳动生产率年均增长为 12%，第二产业年均增长为 14%。2012 年河南生产总值中第一产业占 12.7%，而其从业人员占总数的比重为 41.8%，意味着 41.8% 的农业劳动力创造了 12.7% 的产值；第二产业从业人员占 30.5%，创造的产值占生产总值的 56.3%。因此，应通过提高农业集约程度把农村剩余劳动力转移出来，进而提高农业生产的效率、增加农民的收入水平。

虽然农业营业收入仍是农村居民的重要收入来源，但是非农业收入已成为农民增收的关键。农民收入的增长已从过去依赖农业产量的增加和农产品价格的提高转移到依赖农民外出打工等非正规就业上。大量农业剩余劳动力向城市流动，不仅减少了农业剩余劳动力，提高了农业劳动力的生产率，而且促进了农民增收。政府要进一步完善相关机制，积极推动农民工转移就业：首先，应加快推进城乡一体化的劳动力市场建设，发挥市场在调节就业中的基础作用，完善城乡劳动者自主择业、平等就业的新型就业制度，引导农村富余劳动力在城乡、地区间有序流动，逐步实现城乡劳动力市场的一体化；其次，要进一步完善针对农民工的就业政策，构建覆盖城乡的职业教育和培训体系，提升农村劳动力转移就业的能力；第三，进一步完善对流动人口管理制度，如进一步完善农民工子女公平接受义务教育权利等方面的政策。

2. 改善收入分配方式，缩小城乡居民收入差距

合理的收入分配制度是社会公平的重要体现，也是促进社会公平公正、和谐发展的重要保障。与发达国家相比，我国居民收入在GDP中的比重偏低。改革开放以来，中国经济发展速度不断加快，但是居民的收入水平并没有相应“水涨船高”，当前国民收入分配中仍存在居民收入比重偏低问题，尤其农村居民的收入水平长期落后于人均GDP的增速。人民群众是社会财富的创造者，理应成为社会财富的分享者。要进一步推动城乡居民收入水平的提高，就需要加大与收入分配相关制度、政策的改革和创新力度，调整国家、企业、居民之间的分配比例。首先，要充分发挥税收政策在调节收入和再分配方面的作用，中国税制以流转税为主且税率较高，如能进一步降低流转环节的税收，不少商品的销售价格将下降，相对提高了普通家庭的收入水平。其次，发挥政府财政政策在调节收入再分配中的作用，坚持“调低、扩中、限高”的收入分配改革走向，加大对低收入群体的收入补贴、救助力度以及对农村和落后地区的财政补贴、转移性支付力度，进而加快农村居民家庭人均收入水平的提升。

3. 进一步提高城镇化水平，统筹城乡发展

河南省城镇化率仍然低于全国水平，应进一步提高城镇化建设水平，增强城镇的辐射和带动能力，充分吸纳农村剩余劳动力，拓宽农民收入渠道。受城乡二元社会经济结构的影响，社会资源在城乡之间分配不均衡，人口众多、地域辽阔的农村，资源短缺，经济发展缓慢。首先应统筹城乡规划建设、产业发展，构建完善的基础设施网络体系，积极促进城市基础设施向农村延伸，城市社会服务事业进一步向农村覆盖，加大城市文明向农村辐射力度，提升农村经济社会发展水平。其次，统筹城乡管理制度，突破城乡二元经济社会结构，纠正体制上和政策上的城市偏向，加快城乡一体化的劳动力就业制度、户籍管理制度、教育制度、社会保障制度等建设。

（二）进一步完善农村社会保障制度

健全农村社会保障制度是促进农民收入稳定增长的重要保证，完善农村“创业有门道、就业有渠道、失地有保障、生病有医保、贫困有补助”的社会保障体系，是进一步激活农村消费市场、有效扩大农村消费需求的重要保障。河南省新农合、新农保、农村低保等农村社会保障制度已经实施并取得显著成效，但水平仍然较低，应进一步完善、健全农村社会保障制度。

1. 建立多层次的农村社会保障体系

一是进一步完善农村养老保障体系。养老保障体系是农村社会保障体系建设的重点。目前中国农村社会养老保障水平仍很低，并存在不少问题。如留守老人的晚年生活不单需要物质上的保障，还需要精神上的关怀，子女的精神慰藉是老人身心健康的重要条件，但多数农村家庭子女长期在外务工，农村留守老人往往独居，常年仅靠电话与子女联络，这在一定程度上造成亲情上的疏离，老年人无法享受家庭的天伦之乐，往往造成精神空虚，心理上孤独无助，容易出现抑郁等疾病。再者，农村老年人一般少有娱乐活动，除了电视、打牌外基本没有其他娱乐活动方式。政府不仅要提高农村老年养老保险金补贴，而且要倡导家庭养老传统，在当前社会养老保障尚不完善的情况下，家庭养老仍是我国农村养老的支柱，政府应进一步推进外出务工、求学的农村青年回乡就业、创业，不仅能将人才留在农村，而且也方便照料老人的日常起居，也有助于农村经济发展及家庭和谐的发展。

二是完善农村医疗保障体系。农村医疗保障体系包括新农合医疗制度、农村医疗救助制度、健康保险制度等。国家在改进新农合的同时，也应积极推进农村配套的医疗卫生服务体系方面改革，要进一步健全农村三级医疗卫生服务网络，加大政府的调控力度，积极推进城市的医疗卫生资源向农村转移，不断提升农村的医疗水平。

三是完善农村社会福利体系。农村社会福利体系包括儿童福利制度、老年人福利制度、残疾人福利制度等。政府要积极推进城乡统一的社会福利体系建设，既要加强对农村儿童福利院、残疾人福利院、敬老院等的投入与管理，而且要引导和鼓励社会慈善组织、企业、个人投入农村社会福利事业。

四是完善农村社会优抚体系。社会优抚体系包括优待抚恤制度、军人退役制度、职业教育培训制度等。政府要积极推进城乡统一的社会优抚体系建设，特别要加强对农村退役人员的职业教育培训。

总之，河南省不同地区的农民因收入水平、生活状态、思想观念等不同，社会保障需求有差异，各级政府要积极探索、进一步完善农村社会保障体系，满足农村居民的社会保障需求。

2. 构建城乡一体化社会保障体系

城乡二元结构是制约城乡一体化发展的重要障碍。在城乡一体化发展日趋明显、城乡资源日益统筹整合的大背景下，只有取消城乡差别才能体现社会的公平性和资源的共享性，真正让广大农民平等参与现代化建设、共同分享现代化的成果。《十八届三中全会关于全面深化改革若干重大问题的决定》中明确提出要“建立更加公平可持续的社会保障制度”“推进城乡最低生活保障制度统筹发展”。河南省也应积极破除城乡户籍限制，整合社会资源，加大对农村社会保障的支持力度，积极推进城乡职工统一的失业保险制度、城乡居民统一的基本医疗保险制度等建设，在筹资标准、报销比例和就医管理等方面缩小差距。

3. 积极探索多渠道的筹资方式

资金是社会保障的重要基础，加大农保资金的筹集力度尤为重要。现阶段农村社会保障，个人缴纳部分仍占很大比例，农民收入高低直接决定了他们的参保能力和水平。为此，可借鉴发达国家建立农村社会保障制度的经验，结合河南省社会保障建设方面的探索经验，不断完善社会保障制度建设，一方面保证个人、集体、政府三方面资金筹集到位，另一方面要拓宽资金筹集的渠道，实现筹资方式多元化。

4. 加强法制化建设

社会保障具有政府强制性、非营利性，体现的是社会成员在政府保障下的平等保障权利，如果没有完善的立法作保障，社会保障基金的筹集和社会保障制度的持续发展就难以顺利实现。完善农村社会保障法律法规体系，不仅要完善现有的法律法规，而且要完善农村社会保障体系落地的相关条例、规则。除了要落实和遵守中央的各项政策法规外，河南省也需要制定、完善符合省情的社会保障法律法规。

（三）改善农村消费环境

消费环境是影响消费增长和消费结构升级的重要因素，引导农民转变消费观念、进一步改善农村消费环境是推动农村居民家庭消费结构升级，扩大农村消费需求的不可缺少环节。

1. 进一步改善消费硬环境

改善河南农村消费的硬环境，关键是要加强农村基础设施建设，通过加大公共财政对农村基础设施建设的投入力度，完善农村居民生活设施，创造良好的消费环境，这就需要政府进行合理的财政预算，把有限的财政资金用于农村基础设施建设，改善农业、乡镇企业的生产条件，为增加农民收入提供较好的物质基础，同时增强消费能力。具体来说要做到以下几点：

一是政府应加大农村基础设施的投入力度。基础设施是农村经济发展、商品流通、居民生活的基础保障，也是吸引资本、人口向城镇集中以及劳动力转移的基本保证。近年来，河南农村基础设施尽管有所改善，但仍然存在不少需要改善的地方。政府应设立专项基金，采取积极的财政政策、适当的货币政策，增加农村水、电、路、通讯等基础设施方面的投入，提高乡村道路的建设水平，积极推进水利工程建设，增强农业抗御水旱灾害的能力，进而促进农村收入水平提高、消费结构的升级。

二是积极治理和改善农村生态环境。良好的生态环境是人类赖以生存和发展的基本条件。各级政府要按照节能减排，发展循环经济，建设资源节约型、环境友好型社会等要求加大对生态环境的治理力度。推动污染防治的重点流域、区域和问题严重地区开展农村环境集中整治，着力解决危害群众身体健康，威胁居民食品安全、影响农村可持续发展的突出环境问题，加快“生产发展、生活宽裕、乡风文明、村容整洁、管理民主”美丽乡村建设。

三是完善经营管理体制。对国家和集体投资的基础设施，在确保安全、有效运行、发挥效能的前提下，鼓励采取承包、租赁、拍卖和转让等形式，引导当地业主或农民承包经营，实行市场化管理和商业化运作，明确管护责任，以缓解设施在运行中各种经费不足的困境。对村级一些小型基础设施可引导组建各种合作经济、股份经济、股份合作经济等形式，明晰产权，按企业化原则进行经营。通过走市场化道路，既能提高农村基础设施的利用效率，也能够增强投资者对投资农村基础设施的吸引力，从而增加农村基础设施的供给。

四是完善农村电子商务基础设施。加强农村网络基础设施建设，为农村电子商务发展提供基础条件；推进电子商务平台、农业经营主体、物流企业网络改造升级；加强农村地区公路交通建设，完善农村电子商务经营企业所在地区公路基础设施；开辟绿色通道，为农村电子商务物流配送提供支持等。

2. 改善农村消费的软环境

营造良好的消费文化环境。消费文化是文化在消费领域的渗透，对居民消费模式选择具有导向作用、约束作用，扩大有效消费需求不能忽视消费文化的作用。正确引导农村居民转变落后消费观念，是扩大消费需求、推进消费结构升级的重要保障，而要进一步改善农村消费文化环境，建议从以下几个方面着手：

一是进一步优化农村文化环境。迷信消费、赌博消费、人情消费等支出较重制约着农村居民消费结构的优化，也在一定程度上抵消了国家惠农政策给农民带来的效益。营造良好的消费文化氛围，为构建文明、健康的文化环境创造条件，要积极引导农民调整经济结构，转移农村剩余劳动力，营造勤劳致富、科技致富、知识致富的社会文化氛围。各地积极引导农村居民参加各种参与性文化娱乐、体育比赛等活动，既丰富了农村居民的文化娱乐生活，又能寓教于乐，推进居民形成科学、文明、健康的消费观念。有条件的村组可以兴建娱乐场所，添置娱乐设施。村文化室应定期购进新书，以满足村民的文化需求。民政、文化等有关部门要积极探索和实施农村殡葬改革的新方法、新思路，正确引导农民在殡葬方面要合理开支。还应采取多种形式的宣传教育，充分发挥家庭、社会的力量，共同扭转农村赌博风气。

河南地处中原受“量入为出、略有结余”、忌讳“寅吃卯粮”等传统消费观念影响较深，传统消费观念不仅降低了农民对激活消费政策措施反应的灵敏度，而且在一定程度上弱化了消费对生产的刺激作用。应通过多种途径，进一步激活农村消费活力；还要加强对农民的生态文明教育，引导农民树立绿色消费观念，引导农民追求绿色消费方式。

二是规范市场秩序，优化商品市场消费环境。农村消费市场上的假冒伪劣产品层出不穷，成为假冒伪劣产品的“天堂”，甚至有些制假贩假行为专门针对农村市场，不仅给广大农村消费者带来损害，而且在一定程度上弱化了农村市场。从农民消费者的行为看，农民消费者购买假冒伪劣产品可以分为两种情况：“知假买假”和“不知假买假”。农民的收入普遍不高，大部分农民在购买商品或服务时对价格较敏感，乐于购买物美价廉的产品。“知假买假”说明，农民对于假冒伪劣产品实际上是有一定需求的，而假冒伪劣产品多是日用消费品，其主要在于“假冒他人商标、包装”，做工粗糙，相对于正常产品虽质量较低但不至于对消费者构成伤害。在农民消费者的收入水平普遍较低情况下，这类产品是很受农民欢迎的。“不知假买假”行为是因农民消费者对厂商或销售商生产或销售产品质量信息不了解造成的。农民普遍缺乏产品品质的鉴别能力，极少有人知道“中国免检产品”等认证标志。再加之，农村的消费网点非常分散，监管的乏力，贩假的高额利润使得销售商存在着很强的机会主义倾向。农民缺乏维权意识和能力，一旦买到假冒产品，大多“忍气吞声，自认倒霉”。总之，农村市场假冒伪劣产品难以根治，既与工商局监管方式不力有关，也与我国农民收入低有关。进一步规范市场秩序，优化农村消费市场，建议从以下几个方面着手：首先，拓宽流通渠道，加快现代化流通体系建设。积极推进连锁经销集团“下乡”，连锁把商品从出厂到零售的中间过程集中在集团内部完成，减少了中间环节的交易费用，让农村居民能实现“价廉”诉求。其次，大力开展市场秩序整顿，创造安全可靠的消费环境。加大市场监管、监控力度，严厉打击制假售假、价格欺诈等违法犯罪活动，保护消费者合法权益。积极发展区域性、专业性征信机构，形成多层次、多方位的征信机构体系。深入开展各类专项整治活动，有效遏制假冒伪劣食品流向农村。

二是完善农村电子商务体系。积极推进农村电商发展，鼓励电子商务企业向农村拓展业务，让农村居民购买到优质优价的日用消费品。完善农村电子商务体系是推进农村电商发展的关键环节，而完善农村电子商务体系建议从以下方面着手：首先是提高农村电子商务的物流配送能力，建立城乡一体化的电子商务物流配送体系，解决农村电子商务物流配送“最后一公里”问题。其次，利用各类主体为农村电子商务提供综合服务，引导快递企业与农产品原产地合作，鼓励邮政快递企业利用自建电子商务平台创新和拓展农村电子商务业务，为农村电商提供品牌打造、渠道供应、信息查询等升级服务；对现有综合服务站、供销合作社基层网点、农村超市、农村邮政营业场所、村邮乐购、农村快递配送综合服务中心等载体进行提升改造，开展电子商务综合服务。还要鼓励有一定规模、知名品牌以及电子商务运营团队的生产经营主体以及有条件的规模新型农业经营主体自建网络销售平台，形成线上直销店和线下体验店，拓展销售渠道。再次，要引进知名电子商务企业业务向农村延伸，充分发挥知名电子商务企业的资源、人才、资金、物流等优势。

参考文献

[1] 阿瑟·刘易斯．二元经济论［M］．北京：北京经济学院出版社，1989.

[2] 安格斯·迪顿．理解消费［M］．上海：上海财经大学出版社，2003.

[3] 蔡昉，林毅夫．中国经济［M］．北京：中国财政经济出版社，2003.

[4] 陈文科．中国农民问题［M］．郑州：河南人民出版社，2000.

［5］范剑平．居民消费与中国经济发展［M］．北京：中国计划出版社，2000.

［6］郭剑雄．二元经济与中国农业发展［M］．北京：经济管理出版社，1999.

［7］尹世杰．消费经济学［M］．高等教育出版社．北京：2003.

［8］柳思维．现代消费经济学通论［M］．北京：中国人民大学出版社，2006.

［9］李通屏．中国消费制度变迁研究［M］．北京：经济科学出版社，2005.

［10］郭亚军．中国农村居民消费及其影响因素分析［M］．北京：中国农业出版社，2009.

［11］祁京梅．我国消费需求趋势研究及实证分析探索［M］．北京：中国经济出版社，2008.

［12］范剑平．中国城乡居民消费结构的变化趋势［M］．北京：人民出版社，2001.

［13］牛若峰．农业与发展［M］．杭州：浙江人民出版社，2000.

［14］中国“三农”形势跟踪调查课题组．小康中国痛：来自底层中国的调查报告［M］．北京：中国社会科学院出版社，2004.

［15］尹世杰．中国消费结构合理化研究［M］．长沙：湖南大学出版社，2001.

［16］（美）恩格尔等．消费者行为学［M］．徐海，等译．北京：机械工业出版社，2003.

［17］李振明．经济转型与居民消费结构演进［M］．北京：经济科学出版社，2001.

［18］尹世杰．消费力经济学［M］．北京：中国财政经济出版社，2001.

［19］卢泰宏．中国消费者行为报告［M］．北京：中国社会科学出版社，2005.

［20］李振明．经济转型与居民消费结构演进［M］．北京：经济科学出版社，2001.

［21］范剑平．居民消费与中国经济发展［M］．北京：中国计划出版社，2000.

［22］柳思维．现代消费经济学通论［M］．北京：中国人民大学出版社，2006.

［23］苏东水．产业经济学［M］．北京：高等教育出版社，2010.

02

文化篇

角色认同与职业操守——河南省教师文化建设的反思与重构探析

一、研究目的与方法

（一）研究目的

教育为立国之本，而教育的发展教师是关键，教师文化素质不仅关系到我国教育质量的进一步提升，而且教师文化是国家文化的关键组成部分，还关系到我国综合竞争力的进一步提升，2011 年中共中央十七届六中全会上明确提出在世界多极化、经济全球化背景下“文化在综合国力竞争中的地位和作用更加凸显”，教师文化还是学校文化的核心，如果没有教师文化的内在支撑，就很难有学校教育的科学发展，而角色认同和职业操守又是教师文化的灵魂。当前在市场经济浪潮的冲击下，在多元文化力量的影响下，教师的自我身份认同度普遍下降，敬业奉献精神甚至在少数教师身上缺失，还出现个别中小学男性教师性侵女学生等恶性事件，严峻的现实说明学校教育的发展不能仅靠规章制度、组织结构等方面的变革，更要强化教师价值观、教师精神、职业操守、职业道德等精神文化层面的建设，要进一步加大教师职业认同和职业操守教育的建设力度。因此，课题研究既有理论意义还具有现实价值，对该课题进行研究不仅能较为全面了解河南教师文化的发展现状，而且能为反思河南教师教育和教师文化建设提供借鉴和参考。

（二）研究思路与方法

1. 研究思路

在我国建设人力资本强国的背景下，对河南省教师角色认同和职业操守发展现状进行深入调研，并进行认真反思具有重要现实意义。首先对选择样本学校的教师角色认同与职业操守现状进行调研和分析，然后揭示出存在的主要问题及其成因，最后对河南省教师文化进行反思并提出完善建议。

2. 研究方法

首先，设计调查问卷，选取部分中小学、大学教师及管理人员进行问卷调查或访谈，同时对民众进行随机问卷调查或访谈，探究教师角色认同、职业操守及教师文化的现状及存在的主要问题，然后在相关理论研究和实际调研的基础上，探索教师文化核心价值观体系的构建问题，并提出强化教师角色认同与恪守职业操守教育的具体建议。

二、教师文化的概念、特征及功能

文化传承与创新是教师群体所承担的基本职能之一。教师是先进文化的重要传播者、创造者以及学校教育教学改革的推动者、执行者，更是学校文化建设的骨干力量，如果没有教师文化的内在支撑，就很难有学校教育的健康发展，本文重点对教师文化的特征、功能等进行探究。

（一）教师文化的内涵

1. 教师文化

教师文化是指教师群体在长期的教育实践活动中所形成的、代表教师这一特定群体共同的价值取向、职业精神、职业情操、职业行为规范等的总和，是维系教师群体的精神文化力量，也是我国教育转型发展的内在动力。教师文化既有共性也有个性，不同类型、不同区域学校的教师文化不同，即使同种类型学校、同属一个区域学校的教师文化也存在差异。教师文化的形成与发展受学校精神、办学定位及所处社会经济文化环境等诸多因素的影响，因此，一所学校的教师文化体现着该校的办学思想、办学精神，也体现该区域的文化特性，而且反映一个国家、一个民族的价值观念，更反映教师群体的精神风貌，对教师群体的思想和行为具有非强制性约束作用。

教师文化一般由三个层次构成：一是价值观念层次；二是制度文化层次；三是行为文化层次，其中，价值观念是核心层。本文主要从教师的价值观、角色定位、职业道德和行为方式四方面对教师文化的内容进行探讨。

2. 教师角色认同

教师角色认同是指教师群体对自身承担的角色和身份的认知程度，即对教师职业角色的性质、作用、任务、价值，从认识、认知、认同到内化为思想、外化为行为的过程，该过程受社会环境、人际关系、社会意识形态等多种因素的影响。

3. 教师职业操守

所谓职业操守是指人们在从事职业活动中应遵循的、体现职业特点的道德情操、道德准则、行为规范的总和，不仅取决于个体的学识修养，还受行业环境、社会经济条件等诸多因素的影响。教师职业操守是指教师在从事教育实践活动中应遵循的、体现教师职业特点的道德情操、道德准则、行为规范的总和，不仅取决于教师个体的学识修养，还受国家教育政策、社会经济条件等诸多因素影响。教师职业操守不仅是教师从事教育实践活动时应遵循的道德情操、道德准则、行为规范，而且是对社会应负的道德责任与义务，从道义层面上约束着教师群体的思想和行为。

（二）教师文化的特征

因学校的类型、办学定位、所处区域等不同，教师文化拥有不同的特征，但作为一种独特的文化现象也有共同的特征。共同特征可归纳为以下几点：

一是民族性。教师文化深植民族文化土壤之中，体现着一个民族文化的基本特性。因不同的民族所处自然环境、社会经济条件、文化传统等不同，文化也存在一定的差异。不同国家、不同民族学校的教师文化都镌刻着民族文化的印记。

二是传承性。培育学校精神是学校文化发展的重要着力点，影响学校文化的人才培养、科学研究、社会服务、文化传承，具有传承性的。如北京大学，蔡元培提出的“思想自由，兼容并包”办学理念传承至今。

三是创新性。一所学校的教师文化一旦形成便具有相对稳定性，但并不是说亘古不变，要与时俱进，根据社会对人才需求的变化及国家教育发展的需要及时进行改革创新。

四是开放性。开放与包容是文化创新发展力量的源泉，一个国家、一个民族的文化只有吸收最开放、最前沿的文化才具有旺盛的生命力。教师文化也一样，不仅要学习借鉴外来先进的文明，更要从我们悠久的历史文明中吸取营养，古为今用，洋为中用。

五是功用性。教师文化是学校改革与创新发展的内在动力，能激发出教师群体改革创新的主动性和积极性，推动学校教育教学质量不断提升，这在本质上就体现了教师文化的功用性。

（三）教师文化的基本功能

教师文化对教师群体的思想和行为具有非强制性约束作用，能够推动教师群体不断提高综合修养，坚守职业情操，不断提升教育教学质量。教师文化的基本功能可概括以下三个方面：

一是具有导向功能。一个学校的教师文化是指以本校的价值观和崇高的发展目标指引教师向学校的既定目标努力，引导、约束教师的思想和行为。学校教师价值观是多数教师的“共识”，这种导向功能对多数教师而言，是建立在自觉行为基础上的，能自觉地将自己的思想与行为同学校的价值观进行比照，对少数未取得“共识”的教师而言，带有某种“强制”性质作用，学校的发展目标、办学传统、校风教风等迫使他们按照学校价值观念行事。教师文化是一种软实力，对教师群体具有无形的约束力，是以一种无形的精神、价值观、文化传统等力量来引领、规范和约束教师的思想和行为的。

二是具有激励功能。以价值观为核心的教师文化是学校以及教师价值判断的重要依据，一经确立并为学校和教师所认可，就能被长期遵循，能将教师群体内在的积极性、创造性激发出来。教师文化激励功能的发挥，还表现为教师对职业操守与职业责任的认同和践行上。

三是具有创新功能。文化传承与创新本身是教师群体应肩负的基本职能之一，优秀的教师文化不仅能够推动本校教育实教学改革与创新，而且是区域文化乃至国家文化创新发展的重要动力。

（四）不同类型学校教师文化的共性分析

尽管类型、所处区域、发展定位、办学精神等不同的学校，教师文化有一定差异，但作为教师这一特殊职业群体，具有共性。教师文化的共性可以归纳为以下几个方面：

一是功能相同。各类学校的教师文化都是学校文化的重要组成部分，都是学校在长期发展过程中积淀形成的教师物质文化和精神文化成果的总和，都是学校文化的灵魂，对学校教师的思想和行为都具有导向、激励、凝聚、规范、陶冶等功能，都是学校发挥文化育人功能、提升教育教学质量、培养学生创新能力的内在支撑。

二是指导思想相同。各类学校教师文化建设均是以邓小平理论、“三个代表”重要思想为指导，以社会主义核心价值体系为导向，物质文化为载体，制度文化建设为引领，精神文化为价值追求，不断提升教师人格和学识修养等为指导思想。如在2012年国务院41号文件《关于加强教师队伍建设的意见》中提出加强教师队伍建设的指导思想：“高举中国特色社会主义伟大旗帜，以邓小平理论和‘三个代表重要’思想为指导，深入贯彻科学发展观，全面贯彻党的教育方针，认真落实教育规划纲要和人才规划纲要，遵循教育规律和教师成长发展规律，把促进学生健康成长作为教师工作的出发点和落脚点，围绕促进教育公平、提高教育质量的要求，加强教师工作薄弱环节，创新教师管理体制机制，以提高师德素养和业务能力为核心，全面加强教师队伍建设，为教育事业改革发展提供有力支撑。”①

三是建设主体相同。大学与中小学校教师文化建设的主体都是教师，且每个一教师都具有独立人格，是一个个具有独立情感、意志、价值判断的个体，把这些分散的个体进行文化整合与提升，绝非一朝一夕能办成的，因此教师文化建设要持之以恒地逐步推进，是一个长期的系统工程。

三、河南教师角色认同与职业操守现状调查分析

本文以教师角色认同和职业操守为中心，分大学、中小学两部分对河南省教师文化发展现状进行调研和分析。

（一）河南省大学教师角色认同与职业操守现状

1. 角色认同现状

本文以大学教师为对象，采用问卷调查、访谈方式，对河南省大学教师群体角色认同现状进行了深入调查。调查问卷采用“关于河南省大学教师角色认同情况的调查”（见附件）。从教师对角色的认知、角色的情感认同、角色行为的认同等方面进行调查，调查分析结果是绝大多数教师对教师职业角色是认同

① 国务院关于加强教师队伍建设的意见［EB/OL］. http：//www. moe. edu. cn/publicfiles/business/htmlfiles/moe/moe_ 1778/201209/141772. html.

的，但也存在不少问题，主要问题归纳如下。

（1）大批年轻教师职业角色定位模糊。2000 年以来河南省高校大学生招生规模急剧扩大，随之而来的是师资的快速扩充，一大批未受过教育职业资格系统培养的年轻教师走上了大学讲台。刚引进的年轻教师，职前稍作培训就要承担多门课程，不仅影响教学质量，而且有部分高校对年轻教师的培训重视也不够，造成新入职教师中一些人对该干什么、如何干、为什么干认识不够明确，对教师角色认知模糊，且这些教师除传统教育赋予的备课、上课、评课等常规教学任务以及科学研究外，还需要承担诸如服务社会、班主任、兼职辅导员等多重角色；这些年轻教师进入大学本身准备就不充分，面对诸多任务时，有些人显得力不从心。也因此，有部分教师产生“什么是我的核心工作”“我该怎么办”等茫然。针对此，本文就大学教师自我角色认识情况进行了调查，结果如表 1。

表 1　大学教师角色自我认知的选择频数统计

各种角色	选中频数	百分比
知识的传授者	150	100%
学生引导者	150	100%
学者、学习者	148	98.6%
学生学习指导者	127	84.6%
学生的榜样	116	77.3%
研究者	73	48.7%
心理指导者	28	18.7%
人际关系艺术家	21	14%
合计	663	100

从表 1 我们能看出，大学教师 100% 认同自己是学生知识的传授者和学习的引导者，认同学者的角色也高达 98.6%，认同为学生学习指导者的为 84.6%，即绝大多数教师对知识的传授者和学者是认同的。但对不仅要教师会“教书”更要会“育人”、不仅要会“育人”还要进行科学研究、不仅要承担传播知识者的任务还要成为文化创新的主体等认同度较低。如对学生心理等指导认同度只有 18.7%。当课堂上出现学生纪律松弛、不听讲等现象时，不少教师不从自

身找原因，而是批评学生素质低，甚至指责班主任、辅导员等工作不到位。专业教师一般都是上课铃响前几分钟走入教室，下课铃响后马上离开教室，教室基本上成为师生交流沟通的唯一空间。

（2）教师自身的价值期望与学校、家长、社会的期望存在较大差距。据本文调研，不少教师进入高校并不是出于热爱教师这一职业，而是图“教师工作较清闲”“社会地位相对高”“收入还不错”“有寒暑假”“工作稳定”等，其实进入高校之后发现，收入并不高，工作并不清闲，假期还得时常加班，理想与现实之间存在较大偏差，而学校、家长、学生等对教师的要求与教师个人自我要求相比要高得多。对校方而言，引进一个教师，不仅教学能力要强，还要具有较强的科研能力和服务社会能力，且在思想和行为上要成为学生的导师等期望；对于家长、学生来说，对教师期望就更高，希望教师是完美、万能的，不仅“学问”要做得好，“德”更要高；对于社会来说，经济社会的快速发展，期望高校教师作为高级知识分子能根据社会需求变化快速更新教学理念、教学内容，使培养的学生能尽快适应社会需要。再反观部分教师，部分教师思想观念较滞后，不能根据社会需求的变化及时转变教学观念、教学内容，于是社会对这部分教师的价值期望与个人自我期望间的差距愈来愈大，少数教师就会产生自信心低落，工作倦怠等现象。

（3）社会环境对大学教师角色认同的冲击。随着市场经济的发展，越来越多人以市场经济规则来衡量自己的劳动价值，这对传统教师的角色定位产生了巨大冲击。有些教师认为自己是“打工仔”，学校是培训机构，教学加工厂，满足于完成学校规定的教学工作量，忙于炮制职称和科研考核需要的学术论文，对教学质量的提升重视不足。

（4）大学教师角色认同受性别、年龄、教龄、家庭收入、学校的性质等多种因素影响。首先，性别影响着大学教师角色认同。在调查中发现大学女教师的角色认同度较高，且进入职业角色的速度较快。其次，学校性质影响着大学教师角色认同。通过调研得出，不同性质的大学，其教师的角色认同度也不相同，一般情况下，一本重点高校教师的角色认同度要高于普通二本院校，普通二本院校要高于三本院校。第三，年龄、教龄对教师角色认同度也有影响。通过调研得出，教龄对教师职业认同影响显著，如图 1。

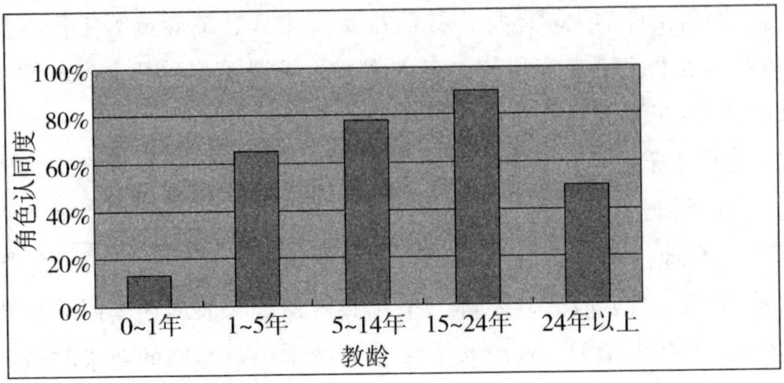

图1　不同教龄与角色认同度的关系

由上图能看出，具有15~24年教龄教师的角色认同程度最高，0~1年教龄教师的角色认同程度最低。教龄影响教师职业认同感的原因，主要是因为刚进入高校的年轻教师，对教师角色认知不清晰，随着工作时间的延长，对教师职业的认识逐渐加深，认同度逐渐得到提升。

2. 教师职业操守

教师职业操守是教师在从事教育教学过程中要遵循的道德底线和行业规范，社会对教师职业操守期望高于其他行业。据中国青年报社会调查中心以“哪些职业失去操守的现象最严重”为主题对全国10000多名公众进行调研，“教师职业失去操守排者”排在第三位。针对河南教师职业操守现状，对河南民众进行随机问卷调查，并访谈了50位学生家长、30位不同大学的学生和30位教师。得出结论是绝大多数教师能够坚定职业操守、为人师表、教书育人，但也存在一些问题，主要问题如下：

（1）教书育人精神衰减。因当前职称评审以及高校考核体制本身存在的局限，使高校普遍存在“重科研轻教学”现象。不少高校科研奖励高于教学奖励，在这一导向下，不少教师把较多的时间和精力花在科学研究上，而对教学的时间和精力投入不足。大学教师教书育人精神衰减现象主要表现在以下四个方面：一是部分教师教学工作不认真，仅满足于凑满学时。有教师不认真备课，长期不更新教案，上课时照本宣科，教学方法单一，讲授的知识空洞、枯燥无味，授课内容深度不够，不注重学生能力的培养；有教师为减少备课时间，以“调动学生的自主性和培养学生实践能力”为幌子，动不动就由学生来讲，让学生讨论，事先不做精心安排，授课效果较差；有教师对待教学内容“避重就轻”，不下功夫认真钻研教学难点和重点，学生喜欢的就多讲，理论性强、备课任务量大或不好讲的即使很重要也不讲，在课堂上天南海北、古今中外随便讲，学生听得津津有味，却并没学到多少知识。因此，近年来高校“无效教学”现象普遍存在。二是对待学生考核不认真。有些教师为减少自己的工作量，图省事，平时给学生少留作业或不留作业，即使留也不认真批改，对于学生的期末课程论文，批改也很不认真；对于考试，有些教师命题不科学，有教师认为学生大面积不及格，有损面子且影响学生对个人的评价，所以考前会给学生圈重点。三是“只教不育”现象普遍。部分教师的社会责任感淡漠，对学生的一些不良行为视而不见。在部分教师看来，自己的任务就是教学，其他任务与自己没有多大关系。还有部分教师对学生在课堂中出现的诸如迟到、旷课、早退、玩手机、睡觉等现象视而不见，认为维持课题纪律是辅导员该管的事情，与自己无关。

（2）师德水平的提升速度慢于社会经济发展水平的提升速度。教师在社会公众心目中是知识的化身，是人格的楷模，是先进思想文化的传播者，道德的典范，莘莘学子人生的引路人，然而，近年来，教师师德提升水平滞后于经济社会发展水平，影响着教师形象，主要表现为：部分教师纪律、制度意识需要提升。有教师工作随意，行事散漫，未能完全遵守学校的规章制度，如迟到早退等；有教师不遵守社会公德和秩序，如公众场合随地吐痰、大声喧哗、乱闯红灯、禁烟场合吸烟等，影响教师为人师表形象。个别教师不顾“师道尊严”，践踏职业操守的底线。

（3）学术研究的功利性。科学研究是大学的基本职能之一，为突出这一职能，高校在职称评定、考核上进行具体规定，并采取激励措施。据我们调研，不少教师明确说搞科研就是“为了评职称”“为完成学校科研工作量”或者“为了拿科研奖励”。学术研究的功利性和工具性引发高校出现学术不端现象。

（4）进取精神需要强化。学识渊博、敬业奉献是人们对传统大学教师的印象与评价，然而少数教师，自从跨进了大学的门槛后便认为捧上了“铁饭碗”，不思进取，心浮气躁，造成学识水平长期得不到提升。有教师则满足当前待遇和社会地位，对专业知识和教育探索和研究精神需要强化。

（二）河南省中小学教师角色认同现状及存在问题

1. 角色认同现状

本课题以对洛阳市、南阳市的20所中小学教师角色认同情况进行调研，结果如下。

（1）总体情况。为了解目前河南省中小学教师的角色认同现状，采取问卷调查和访谈相结合的方法，对河南中小学教师角色认同情况进行调研，并分析如下（图2）。

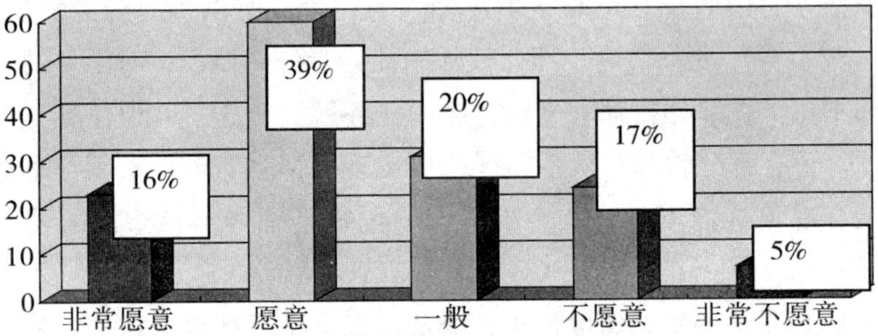

图2　中小学教师角色认同程度

从图2能看出，教师的角色认同程度总体上良好，在调查的200人中，55%的教师愿意从事教育事业；20%的教师认为一般，“如果有更好选择想跳槽”；22%的教师并不是出于自愿当老师的，是“父母认为教师稳定”，这些人认为教师工资低，现在学生不好教，对教师职业认同感较低。

（2）新课程体系影响着中小教师职业角色的认同。中小学新课程体系对教师的职业角色提出更高要求，倒逼教师进行角色转变。一是从教师与学生的关系看，要求教师承担起学生学习的促进者任务，还要承担起学生学习能力的培养者、引路人的职责；二是从教学与研究的关系看，不仅要求教师成为教育教学的研究者，还要求教师由“教书匠”向教育家转变；三是从教学与课程的关系来看，不仅要求教师成为课程的实践者，还要求教师成为教学的研究者和开发者；四是从学校与社区的关系看，要求教师应发展成为社区型的开放型教师。

表 2 新课改背景下对教师角色定位认同

组别	得分	人数	百分比	累计百分比
低认同组	<2 分	3	2%	2%
一般认同组	>2 且 <4 分	85	55%	57%
高认同组	4 ~ 5 分	67	43%	100%

结合上述角色，设计了问卷，按照 5 级计分，1 分表示“非常不同意”，2 分表示“不同意”，3 分表示“一般”，4 分表示“同意”，5 分表示“非常同意”。调研结果显示，仅有 43% 教师对于新课改提出的教师角色是“高度认同”，有 55% 教师是“一般认同”，有 2% 认同度较低。另一方面在社会价值多元化冲击下，传统的教师道德标准遭遇质疑，教师的知识权威形象遭遇挑战，课程改革打破了教师生活中平时的经验积累和形成的惯例，影响着教师职业的认同感。

“新课标”给教师提出了更高能力要求，如课堂教学能力、教学研究能力、新课程评价操作能力、开发新课程能力等，但从表 3 能看出教师现有的能力和新课程改革要求之间存在着一定差距，虽然教育行政部门进行了相应培训，但培训成效未能达到预期效果，部分中小学教师仍感到职业安全受到威胁，并由此产生焦虑、挫败感。

表 3 新课改中教师能力要求在实施中具体情况一览表

能力类型	主要表现	人数百分比
课堂教学的能力	课堂管理难度增大	76.70%
	担心自己知识面不足	79.30%
	教学中难以实现创新	51.60%
	能经常采用“探究性”教学方法	21.30%
	能激发学生的学习积极性	10.80%
教育教学研究能力	完全能够胜任新课程的教育教学研究	25.20%
	能主动用科学研究方法解决教育教学过程中的问题	15.50%

续表

能力类型	主要表现	人数百分比
操作新课程评价体系的能力	难以把握评价的客观性	60.90%
	难以确定评价的标准	56.90%
	难以选择评价的手段	45.00%
	评价手段难以操作	43.40%
	评价项目繁多	40.50%
	评价结果反馈不及时	33.40%
开发样本课程的能力	完全能用校本课程的开发与实施	15.50%

此外，在市场经济评价机制影响下，人们的价值取向和社会的价值评价也出现功利化现象。加之，我国中小学教师的经济待遇较低，教师也是人，需要养家糊口，相对于教师的压力和付出，不少教师认为“他们的薪酬难以体现他们的付出”。加上教师面临越来越复杂、烦琐的各种任务，造成了部分教师自我价值认同降低。

2. 河南省中小学教师职业操守存在的主要问题

目前绝大部分中小学教师的职业操守良好，他们以自己言行潜移默化地影响着、教育着学生，但也存在着一些问题，主要表现如下。

（1）部分教师对职业道德操守的重要性认识不深。当前不少中小学教师缺乏崇高的职业理想，对职业道德认识不到位。有一定数量中小学教师非出于热爱教师职业而是把教师作为“谋生”工具，没把“教书育人”视为自己的人生价值和崇高理想。

（2）经济“逐利”取向影响着部分教师的价值取向。近年来，中小学教师的职业环境得到不断优化，待遇也得到一定提高，但收入水平仍偏低。中小学教师身上也肩负着来自学校、家庭、社会的责任，也需要经济支撑，加之，社会价值评价功利化对教师群体的冲击，部分教师不再对教师职业怀有神圣感，主要表现在以下三个方面：一是出现职业倦怠现象。部分中小学教师对职业产生倦怠现象，对自己所处的地位、待遇表示不满，工作积极性、责任心需要提升。二是治学态度严谨度需要提升。有教师满足于过时知识的传授，接受新事物、新知识速度较慢。三是师表行为意识有待提升。为人师表是中小学教师从事教育教学工作的基本职业要求，但在教学实践中，过于看重学生考试成绩，忽视对学生的思想道德教育，歧视后进生，不利于后进生的健康成长。

（3）教师间团队合作意识需要提高。有些学校出现“同行是冤家”的不良现象，教师之间不讲究团队与合作；有些学校出现新教师不尊重老教师，老教师不接纳新教师，“名师”与非名师之间“抢课”“占课”等现象。

（4）学习意识需要提高。中小学教师普遍存在自身发展和学习意识不强现象，这种现象在中年教师队伍中尤其严重，他们在学校要管理班级的日常事务，回家要照顾孩子、老人，加之冗繁的教学工作使他们失去了最初走上工作岗位时的热情。年轻教师在面临应试教育、升学率保障等客观因素的约束下，往往会顾此失彼，学习积极性也不高。

四、河南教师角色认同与职业操守建设需要强化的原因

河南省大学教师、中小学教师角色认同与职业操守总体情况还可以，绝大多数教师能够坚定职业操守，认同教师角色，但也存在一些问题。造成原因是多方面的，既有社会原因，教育主管方面的原因，也有学校和教师自身方面的原因。

（一）大学教师角色认同与职业操守建设需要强化的原因

1. 教育主管方面因素分析

一是教师文化建设方面的监管制度不健全。目前不少高校对教师师德、职业操守相关的管理制度不健全，对教师职业操守教育、师德教育不够重视，难以充分调动广大教师工作的积极性和对职业的热爱。对此，教育主管部门并未采用有效措施。二是教师培训效果不理想。尽管教育主管部门也组织了一些提升教师能力和水平、师德培训的活动，但实施效果普遍不理想。三是教师专业发展标准化体系建设滞后。目前我国尚未根据各种类型大学教育的特点，出台不同类型教师专业化建设标准，作为教师培养、准入、培训、考核等的基本依据。四是大学教师退出机制不够完善，使某些教师认为进入高校等于端上了铁饭碗。

2. 学校管理方面因素分析

教师文化是学校文化的核心部分，目前教师角色认同度和职业道德建设出现的问题与学校管理有直接的联系。

（1）学校阶层管理机制的影响。校长、中层和基层管理者构成了一个金字塔形状的管理阶层，校长位于金字塔的顶端，教师位于金字塔的底部，学校的指令通过各级管理层，逐层下传，教师的合理需求难以有效表达甚至不愿表达，在工作中难以获得归属感、认同感。

（2）教师评价体系的影响。现有的教师评价体系主要关注教师教学效果或者教师科研能力，考核片面化、机械化。教学工作的“软性”和难以量化与科研成果“硬性”与容易量化，导致高校“重科研、轻教学”现象突出。为了应付考核和晋升，教师把大部分时间和精力用在科研上，对教学任务不够重视，影响到教学效果。

（3）学校拓展教师专业发展的平台建设滞后。社会经济的快速发展对教师提出更高要求，学校一方面要求教师要更新教育理念、教学方法，另一方面发展平台建设滞后，有些学校片面强调学校的硬件建设，学校的招生率、学生的升学率等，而忽视教师的专业发展和文化建设。

3. 教师自身方面因素分析

河南教师角色认同度和职业道德建设出现的问题，也与教师队伍自身因素有关。一是部分高校教师存在“重才轻德”的倾向，认为自己博学多才就够了，道德如何只要不违法违纪其他都无足轻重，对社会上的不良现象难以有效抵制；还有少部分教师思想狭隘，安于现状。二是工作的“无边界性”。目前，大学教师的工作较为宽泛，部分教师被安排名目繁多的任务，再加上生活的压力，导致部分教师认为没有时间和精力去“修身养性”，使他们产生职业倦怠。

4. 其他因素分析

近年来，随着我国社会经济的快速发展和变化，社会上出现的功利主义等现象也影响着大学教师的职业操守。部分教师难以认同“兢兢业业、无私奉献”的价值观，其价值取向功利化、实用化。

（二）中小学教师角色认同与职业操守建设需要强化的原因

1. 社会体制变革和价值取向多元化的冲击

目前，我国正处于社会转型期，多元文化思潮泛起，人际交往功利性现象普遍，对中小学教师职业道德也产生了不良影响，尤其是看到与自己以前的同学或同事当了官，发了财，开了车，就按耐不住教师职业的清贫，有的甚至出现心理失衡。

2. 评价体系不科学

目前教育体制当中存在激烈竞争，比如教师聘任、职称评定、末位淘汰、按业绩发放奖金等，片面强调升学率、平均分，使部分中小学教师压力巨大。每年中招、高考升学率的评比，每学期学校教学成绩的评比等都影响教师们的工作热情，还造成少数教师为成绩体罚学生，歧视所谓差生。

3. 教育对象复杂化

作为教育对象的主体——中小学生，他们成长在最为开放、价值冲突最为激烈的社会大环境下，且多数为独生子女，家中的小“皇帝”、小“公主”，接受新事物多，与之前多兄弟姊妹家庭相比，这些孩子教育难度大增。教师在设计和实施教育活动时，常常遇到一些难以预料和不可控制的突发事件。

4. 收入偏低

尽管我国教师法中规定“教师的平均工资水平应当不低于或高于国家公务员的平均工资水平，并逐步提高”，但是并未完全贯彻落实，尤其是农村地区教师的工资水平与国家规定差距较大，教师收入甚至赶不上部分农民工的收入。这种付出和回报之间的差距，自身期望和现实之间的落差，影响部分教师教书育人的积极性。

五、河南优化教师文化建设机制的原则与路径

教师是一个神圣而高尚、深受敬仰的职业，被赋予“太阳底下最光辉的事业”“人类灵魂的工程师”等美誉。在多元文化的冲击下，教师职业认同和操守建设出现了一些问题虽然属于正常现象，但教育质量的提升，教师是关键，河南省不仅要针对上面存在的问题采取具体措施，且须重视教师文化建设，用良好的教师文化激励教师，鼓舞教师。在当前形势下，教师文化建设工作面临诸多新情况、新问题、新挑战，对教师能力和职业素养提出更高要求，因此优化教师文化建设不仅必要还非常迫切。

（一）河南优化教师文化建设原则

一是以教师为本原则。真正把教师放在学校各项工作的中心地位，坚持以教师为本的原则，以对教师的价值关怀为目标，把尊重教师、关心教师、理解教师、培育教师、激励教师、发展教师作为学校文化建设的核心，最大限度调动教师工作的积极性和主动性。

二是多元化原则。我国正处于社会经济发展转型的关键时期，各种文化思潮不断涌现，教师作为文化的传播者和传承者，教师文化应与时俱进、创新发展、多元发展。教师角色要多元化，不能固守传统教育理念，要不断更新教学思想，承担的角色要多元化。作为教育工作者要对学生具有爱心，要关心和爱护学生，做学生的思想和文化建设的关怀者和引路人；要具有很强的学习能力，要真正承担起先进文化的传播者和创新者职能；还应是本土知识和文化的研究和发扬光大者，承担起服务地方经济文化发展的重任。在多种文化碰撞与融合发展环境下，各类教师不仅应具有扎实的教育专业素养与学识，还要具备综合文化素养，因此学校还要重视教师文化的特色、个性发展。处于多元文化背景下的教师教学理念和培养理念也要多元化，要以多元文化视野更新教学理念和教学思想。

三是战略性原则。优化教师文化建设机制属于学校的战略管理，学校领导层必须亲自抓，要站在战略管理的高度，通过全面、系统地调研、定位、策划，对于构建的机制要严格落实。

四是民族化原则。民族化是教师文化的基本属性之一，优化教师文化建设机制要立足于本民族文化优势，只有适应本土文化的教师文化，才能成为凝聚和激励教师发挥最大潜能的重要力量。

五是个性化原则。教师文化受学校精神、办学定位、学校性质等多种因素影响，因此教师文化建设要突出学校的特质与个性，明确目标，精心策划，要具有可操作性和实效性。

六是时代性原则。教师文化一定要坚持社会主义先进文化方向，体现时代精神，不仅要继承优秀文化还要体现鲜明的民族性，践行社会主义荣辱观和核心价值观体系。

（二）河南优化教师文化建设的若干思考

教育要强大，教师是关键，而师德是教师之魂，职业操守是教师文化和师德教育的核心。长期以来，河南省教师教书育人、敬业奉献，为我国教育事业的发展做出了重要贡献，近年来我国出现个别教师严重违反师德甚至犯罪的现象，河南也发生过几起，严重损害了教师队伍的形象，河南也应重视教师文化建设，为河南优化教师文化建设机制提出如下建议。

1. 河南大学优化教师文化建设的若干思考

（1）教育主管部门要发挥主导作用。一是健全管理制度，提高管理水平。发挥教育主管部门的主导作用，制定相关制度和政策，形成良好的教师文化建设监管机制。二是教育主管部门应结合各类高校的实际，针对教师文化现状，优化奖惩制度和职称评审制度。三是提高教师培养的有效性，重视观念的引导，注意采用新的培训手段，逐步提升师德教育、教师文化水平。四是构建教师职业操守和师德建设长效发展机制。各类高校应积极构建职业操守和师德建设长效发展机制，开展多种形式的师德教育、职业操守教育，还要把教师职业理想、职业道德、学术规范以及心理健康教育融入教师的准入、入职前的培养、职后的培训和管理的全过程。五是严格师德考核，促进教师职业操守和师德水平的逐步提升。将师德考核作为教师考核的核心内容，高校教育行政部门要重视对师德考核的监管。

（2）学校发挥主体作用。一是严把教师聘用质量关。教师的素质和水平直接影响教师文化的形成，因此学校要严把教师聘用准入关，不仅要对竞聘教师的专业水平进行考察，更应重点对教师的从业意愿、品德状况进行考察，选择那些真正热爱教师职业、品德高尚、专业能力卓越的人来从事高校教育工作。二是强化教师职业认同和操守水平教育。大学要将师德教育、职业操守教育纳入教师教育专业课程体系，尤其要注重课程开设的实效性；所有新任教师岗前培训都要开设职业操守教育专题，严格教师法制、心理健康、职业操守等教育，还要创新教师文化教育的内容和形式。最后，还要进一步完善教师师德的培育与评价，完善考核标准和评价体系。三是营造“尊师重教”文化氛围。将学校文化尤其是师德、师风宣传作为学校文化建设的重点工作之一，通过开展形式多样、针对性强的活动，展示优秀教师的精神风貌，激发青年教师的敬业精神和责任意识。四是倡导形成良好的师生互动学习文化。学生的学习态度以及对教师的态度在一定程度上影响着教师教学热情，要不断强化学生“尊师重教”教育，建立良好的教书育人环境。

（3）教师综合素质提升机制重构路径分析。一是教师要树立正确的职业观、价值观。建立正确、积极、向上的职业观、价值观是教师职业专业化发展的必然要求。从调研来看，不少教师对教师职业的认识仅停留在养家糊口、谋生工具的层面，并不是从内心认同或热爱教师这一职业。教师文化培育的首要任务就是培养教师形成正确的职业观、教育价值观，充分认识到教师是人类灵魂的工程师，进而不断提升综合素养。二是重视教师以爱岗敬业、献身教育事业精神的培育。教师要树立爱岗敬业、献身教育精神，热爱教育事业、爱护学生、关心学生。教师的职业是平凡中见伟大，要爱岗敬业，积极承担社会责任与义务。三是教师自我学习精神。树立终身学习、不断进取精神是新形势下教师文化建设的必然要求。教师的职业道德修养建设是一系统工程，需要持之以恒推进，鼓励教师们树立“边学边干、终身学习”的观念，学习最新知识并传递给学生。四是重视教师的继续教育。绝大多数学校都有教师的“岗前培训”这一环节，但不少学校培训内容空洞，时间短，难以达到预期效果。因此，教师岗前培训不仅形式要多样化，更要重视培训实效。此外，平时还要开展多种活动，提高教师职业操守认知度。

（4）媒体对教师文化的宣传导向要全面、客观。当前大众传播媒介对教师的宣传报道出现两个极端，一是对教师宣传理想化和完美化，比如某位教师为了教学工作，耽搁了自己孩子的病情造成孩子的离世等，这样的事例固然能向社会传递正能量，但很容易让社会对教师形象过于理想化，对教师提出不切实际的过高要求；一是将教师“妖魔化”，让社会对教师这份职业产生信任危机。因此媒体对教师的宣传要全面、客观，要考虑到教师也是人，也有七情六欲，让社会对教师这一职业有一比较公允的认识和评价。

2. 中小学教师优化教师文化建设的若干思考

（1）树立正确的教师职业道德观。在新课程背景下，教师要不断加强职业道德修养，不断补充知识。通过认真学习《中小学教师职业道德规范》，强化职业道德。教师的职业特点决定了教师须具备更高的素养，而师德是教师最重要的素养，是教师文化的灵魂。师德影响甚至决定着教师对学生的热爱程度以及教师对事业的忠诚度，影响着教师人格的追求；另外，师德还影响着学生们的健康成长。教师的职业信仰、道德情操、人格魅力等对学生的思想素质、道德品质和道德行为习惯都产生着影响，因此中小学校一定要重视对教师道德的教育和培养。

（2）建立健全教师的待遇保障制度。贯彻落实《教师法》，实现教师公务员制度明确教师公务员身份，是教师社会地位及职业声望的重要保障，是吸引高素质教师加盟的重要条件。教育投入是提升教师职业道德素养的物质基础，国家应进一步完善教育筹款、拨款制度，合理调配社会资源，保证农村教育经费的增长，提高教师的待遇，提升教师职业认同感。此外，还要逐渐完善教师的休假、进修、医疗保障等制度，关注广大一线中小学教师的健康状况，并积极为他们的专业发展提供广阔空间。

（3）营造和谐的校园文化。中小学应重视、加强校园文化建设，给广大教师营造一种公平、公正、爱岗敬业的校园文化环境，学校在铸造校园精神的过程中应特别重视教师文化的培育，增强教师间的凝聚力，提高教师工作的满意度和幸福感。

（4）重视课程文化建设。学校课程文化是根据时代发展的需要，对当前社会经济文化进行选择、提炼而形成的一种课程理念、课程评价体系的总和，是教师文化建设的重要组成部分。课程文化建设不仅要求教师树立新课程教学理念，以及落实“过程与方法、知识与技能、情感态度与价值观”三维结合育人观念，还要把课堂作为教学改革的主阵地，及时转变角色，要成为学生主动学习的倡导者、帮助者、合作者，除构建适合学生发展的多元、开放、创新的课程体系外，还要重视教研活动，形成教师间合作、对话和探究的课程文化。

参考文献

[1] 高桂娟，邓媛媛．角色认同与职业操守——我国大学教师文化的反思与建构[J]．教育理论与实践，2008（7）：32-34.

[2] 黄建．新时期高校师德建设研究[D]．重庆：西南大学，2008.

[3] 赵振杰．论教师文化的核心、功能与结构[J]．当代教育与文化，2010（1）：99.

[4] 李树民．高校教师职业道德研究[J]．牡丹江师范学院，2010：17.

[5] 杨爱萍．新课程背景下中小学教师职业道德存在的问题及对策[J]．2010（11）．

[6] 宁金平．职前教师角色认同的培育途径[J]．教育评论，2014（5）：45-47.

[7] 秦浦红．中小学教师入职阶段角色认同的研究[D]．南京：南京师范大学，2005.

[8] 朱伏平．中国高校教师职业认同与组织认同研究[D]．成都：西南财经大学，2012.

[9] 廖蓉．高校青年教师职业道德修养研究[D]．长沙：湖南农业大学，2012.

[10] 黄攸立等. 学术创业背景下学者角色认同演变模式研究 [J]. 管理学报, 2013 (3): 438-443.

[11] 肖尚军. 多元文化的挑战与大学教师文化的构建 [J]. 教育学术月刊, 2008 (10): 59-61.

[12] 章光洁. 多元文化社会中的教师角色及其对教师教育的启示 [J]. 西南师范大学学报 (人文社会科学版), 2002 (11): 68-72.

[13] 郑铁、刘健. 大学教师文化的本质特征及其重塑 [J]. 文化学刊, 2010 (3): 31-34.

[14] 陈雅芳. 试论当代教师文化的内涵及其建构 [J]. 江苏教育学院学报 (社会科学版), 2007 (5): 1.

[15] 宋宏福. 教师文化及其对教师成长的意义 [J]. 教育与职业, 2004 (15): 92.

[16] 宋彩萍等. 回首虽觉众山小举目复见峰更高—山西大学提高教师文化素养的探索 [J]. 中国大学教学, 2004 (2).

附件：关于河南大学教师角色认同情况的调查

尊敬的老师：

您好！这份调查问卷主要是为了解河南省大学教师角色认同设计的，仅用于研究使用，采取不记名的方式，对您绝对不会有任何不良影响。您的回答对我们的研究非常重要，因此，请您真实相告您的情况。非常感激！

1. 您的性别是：

A) 男　　B) 女

2. 您的年龄是：

A) 20~29岁　　B) 30~39岁　　C) 40~49岁　　D) 50岁以上

3. 您任教学校性质是：

A) 一本重点院校　　B) 二本普通院校　　C) 三本院校

4. 您的教龄是：

A) 0~1年　　B) 1~5年　　C) 5~14年

D) 15~24年　　E) 25年以上

5. 您的职称是：

A）助教　　B）讲师　　C）副教授　　D）教授

4. 你每天完成工作后，对自己的表现都感到满意吗？

A）总是很满意　　B）有时很满意　　C）只是偶尔满意

D）不满意　　E）很不满意

5. 你认为教师在人们心中的社会地位怎样？

A）很高　　B）高　　C）一般

D）低　　E）很低

6. 你对工作给你的要求有清晰的认识吗？

A）肯定有　　B）多数时候有　　C）有时有

D）极少有　　E）没有

7. 你认为教师的作用：

A）很重要　　B）重要　　C）一般

D）不重要　　E）很不重要

8. 你认为在现代社会里当一名大学教师受人尊敬的程度：

A）很受人尊敬　　B）受人尊敬　　C）一般

D）不受人尊敬　　E）很不受人尊敬

9. 你之所以选择教师职业，是因为：

A）父母或亲友是这种职业　　B）受某位教师的影响

C）是自己的理想　　D）自然而然的　　E）别无选择

10. 你每天备课花费的时间：

A）2 小时之内　　B）2 ~ 4 小时

C）5 ~ 8 小时　　D）8 小时以上

11. 我对自己的工作产生厌倦，整天忙碌，但却总不知在忙什么。

A）非常赞同　　B）比较赞同　　C）一般

D）不太赞同　　E）很不赞同

12. 我觉得压力好大，每天都有透不过气来的感觉。

A）非常赞同　　B）比较赞同　　C）一般

D）不太赞同　　E）很不赞同

13. 我感觉教师工作很有趣，尤其和同事或学生相处一整天后，很有成就感。

A）非常赞同　　B）比较赞同　　C）一般

D）不太赞同　　E）很不赞同

14. 我为生活在这个学校的一分子而感到自豪。

A）非常赞同　　B）比较赞同　　C）一般

D）不太赞同　　E）很不赞同

15. 很多人都想离开这所学校。

A）非常赞同　　B）比较赞同　　C）一般

D）不太赞同　　E）很不赞同

16. 一旦有机会，我会脱离教师职业，寻找我的新职业。

A）非常赞同　　B）比较赞同　　C）一般

D）不太赞同　　E）很不赞同

17. 我认为教师应该定期继续教育。

A）非常赞同　　B）比较赞同　　C）一般

D）不太赞同　　E）很不赞同

18. 教师除进行教育教学活动外，开展适量的教育教学改革和实验是必需的。

A）非常赞同　　B）比较赞同　　C）一般

D）不太赞同　　E）很不赞同

19. 我认为教师的本职是做好自己的教学活动，其他的科学研究或学术交流不重要。

A）非常赞同　　B）比较赞同　　C）一般

D）不太赞同　　E）很不赞同

20. 我认为自己有足够的教学能力做好教学工作

A）非常赞同　　B）比较赞同　　C）一般

D）不太赞同　　E）很不赞同

22. 学校里至少有一个同事经验丰富，教学能力优秀，他是我学习的榜样。

A）非常赞同　　B）比较赞同　　C）一般

D）不太赞同　　E）很不赞同

23. 我能包容学生的过错，并不因此影响自己的情绪。

A）非常赞同　　B）比较赞同　　C）一般

D）不太赞同　　E）很不赞同

24. 我在工作中勇于探索各种适合的方法来改进我的教学水平。

A）非常赞同　　B）比较赞同　　C）一般

D）不太赞同　　E）很不赞同

25. 我积极了解外在形势，并关心各种相关的教育信息。

A）非常赞同　　B）比较赞同　　C）一般

D）不太赞同　　E）很不赞同

26. 我很喜欢当教师，我庆幸自己当了一名教师。

A）非常赞同　　B）比较赞同　　C）一般

D）不太赞同　　E）很不赞同

27. 我喜欢这所学校，因为该校有鲜明的文化。

A）非常赞同　　B）比较赞同　　C）一般

D）不太赞同　　E）很不赞同

28. 每当我走上讲台，我就觉得我精神集中，眼里只有学生。

A）非常赞同　　B）比较赞同　　C）一般

D）不太赞同　　E）很不赞同

河南中小学教师文化建设现状及对策研究

一、研究目的与意义

教育为立国之本，是国家发展与社会进步的基石，关系着民族兴旺、人民福祉。《国家中长期教育改革和发展规划纲要（2010—2020年）》中指出："教育大计，教师为本。有好的老师，才能有好的教育。""十三五"期间是我国深化改革、加快转变经济发展方式的攻坚期，国家经济发展进入新常态，动力转换、结构调整、方式转变、产业升级任务紧迫，迫切需要人才与智力支持，教育部门面临新任务、新挑战，但河南必须清醒认识到教育还未能完全满足经济社会发展、人民群众接受良好教育的需要，而要培养出满足社会经济发展需要的人才，相关部门就需要进一步深化教育教学改革，但教师文化是教育教学改革成败的决定性因素，如果没有优秀教师文化的支撑，就很难有教育事业的科学发展。加拿大著名学者安迪·哈格里夫斯曾提出，学校变革不能仅停留在规章制度、组织结构等方面的修修补补，而要致力于学校员工的价值观、教育信念、共同愿景、思维方式等的变革。教师文化对教育教学质量、教师专业化发展、课程改革等产生着重要影响。

中小学教育是教育事业发展的基石，是提高一个国家、一个民族、一个区域民众综合素质的奠基工程。在市场经济发展带来道德文化功利化的激荡下，在教育国际化、互联网普及化等浪潮的冲击下，以及在经济全球化带动世界文化一体化，文化在全球范围内传播速度加快，尤其是发达国家强势文化的影响下，加上一些学校对教师文化建设重视不够，使教师文化建设跟不上当前教育教学改革发展的需要。河南省要培养出高质量的人才就须从基础教育抓起，而中小学教师文化建设影响甚至决定着河南基础教育的质量以及教育教学改革的成败。因此，对河南中小学校教师文化建设进行深入研究，不仅具有理论价值还具有现实意义：一是对该课题研究有助于全面了解河南中小学教师文化建设的现状，揭示出影响教师文化水平提升的主要问题及成因，为反思河南省中小学教师教育和优化教师文化建设环境提供镜鉴；二是有利于丰富教师文化理论体系，为教育教学理论发展贡献绵薄之力。

二、国内外研究现状

国外学者对教师文化研究始于20世纪30年代，研究内容集中在四个方面：一是教师文化在教育改革中的价值与作用，以哈格里夫斯为代表，他认为之前各种教育改革因忽视了对教师及教师文化的作用才造成了表面化和低效率，大声疾呼要重视教师文化在教育改革中的核心作用；二是英国、加拿大、澳大利亚、美国等国家学者对教师合作文化进行了一些研究；三是对教师文化生成问题进行了一定探讨，以萨拉松为代表；四是国外学者对教师文化模式的建构也进行了一些研究。

目前我国有关中小学教师文化研究还是一个新的领域，对河南中小学教师文化建设研究基本上是一全新课题，有关河南中小学教师文化研究方面成果非常少，但出现了一批相关成果，能为本课题研究提供理论和方法借鉴。国内学者对教师文化的研究始于20世纪90年代，以刁培萼的《教育文化学》为代表（江苏教育出版社，1992）。2001年实施新课程改革后更多学者注意到教师文化的价值，相关成果如雨后春笋般出现，成果集中在以下几个方面：一是教师文化的基本理论，如对教师文化的内涵、类型与特征等进行了探究；二是对当前教师文化建设存在的问题及成因进行了思考，如有学者针对传统教师文化进行了批判与反思等；三是对如何构建教师文化方面进行了一些探索，主要成果有吴玲、周元宽著的《当代教师文化使命》（2006），葛金国、吴玲、周元宽编著的《课程改革与学校文化重建》（2007）等；四是一批硕博士论文对新课改背景下教师文化构建问题进行了探讨，如广西师范大学房慧的硕士论文《新课程背景下教师文化的建构》（2005），西北师范大学李清臣的博士论文《基于专业发展的教师精神文化研究》（2009），安徽师范大学华磊的硕士论文《新课改背景下乡村小学教师文化研究——基于河南省淮滨县Z小学的田野观察》（2013）等。

总之，目前学术界对中小学校教师文化理论与实践研究呈现以下几个特点：一是以文献和思辨研究为主，采用定量方法对教师文化进行研究做得还很不够，缺乏对复杂真实的教师文化现象进行深入研究；二是区域文化是影响教师文化发展的重要因素之一，而对某一区域教师文化进行研究的成果较少，对教师文化如何与区域文化有机结合以提升区域教师文化建设水平方面的研究成果少，对河南中小学教师文化进行实证研究的成果就更为稀少，这与当前河南深化教育教学变革的形势不相适应。

三、研究思路与方法

（一）研究思路

选取洛阳师范学院附属中学、洛阳市第五十五中学、洛阳市洛龙区第一实验小学、宜阳县城关镇第一初级中学、社旗县第二高级中学、社旗县李店镇初级中学、桐柏县平氏镇初级中学、平氏镇第一中心小学、平氏镇计庄小学、桐柏县城关镇二小、桐柏县城关第一初级中学 11 所中小学校作为本课题研究的样本学校，深入到各学校、课堂中，深入到中小学教师的实际生活之中，进行“田野观察”，通过对上述学校教师进行问卷调查、访谈等形式调研，探究当前河南中小学教师文化的现状及其对课程改革、课堂教学改革和教师专业化发展产生的影响，并揭示出存在的主要问题及成因，提出优化河南省中小教师文化建设环境的具体方案。

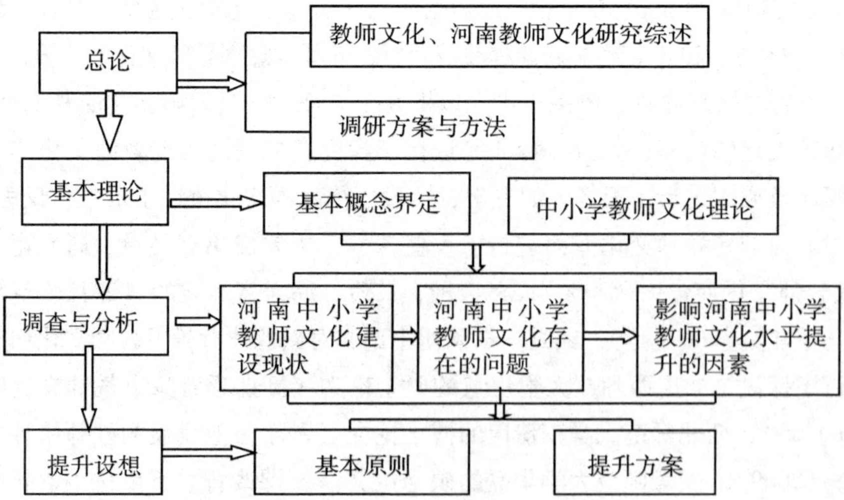

研究思路示意图

（二）研究方法

采用文献跟踪和实地调研相结合方法，认真研读国内外与教师文化相关研究成果，撰写研究综述，设计调查问卷和访谈提纲；对选取的样本中小学进行深入研究。选取部分中小学校管理人员进行问卷调查或访谈，同时对民众进行随机问卷调查或访谈，调查并深入分析教师文化发展现状及存在的主要问题。采用定性与定量研究相结合、宏观与微观研究相结合方法，对影响河南中小学教师文化发展的主要因素进行研究。

四、基本概念界定

（一）学校文化

关于学校文化的含义学术界尚未有统一的观点，有学者认为教育本身就是一种文化活动，如德国教育家斯普朗格曾说过："教育也是一种文化活动，这种文化活动指向不断发展着的主体的个性生命生成，它的最终目的，是把既有的客观精神（文化）的真正富有价值的内涵分娩于主体之中。"美国威斯康星麦迪逊大学教授皮特逊（Kent D. Perterson）认为学校文化是"一组规范、价值和信念、典礼和仪式、象征和事迹，这些因素构成了一所学校不同于其他学校的个性，正是这些不成文的因素随着时间的流逝促使教师、管理者、家长和学生一起工作，一起解决问题，共同迎接挑战和面对失败。"①

学校文化有广义和狭义之分，广义上的学校文化是指学校在长期发展中由师生员工在教育实践中积淀逐渐形成的，并被普遍认同、遵循的价值观、精神、行为准则、规章制度等的总和。狭义上的"学校文化"亦称"校园文化"，是指存在于校园环境中文化现象的总和，包括学校的各种规范、行为和风尚以及开展的各种文艺活动等。本文采用的是广义上的"学校文化"，包括校园建筑文化、制度文化、精神文化等。

（二）教师文化

教师文化是学校文化的核心内容，国内外学界对其含义有不同的阐述。日本学者佐藤学认为，"教师文化系指教师的职业意识，专业知识与技能，感受

① Kent D. Peterson. Positive or Negative ［J］. Journal of Staff Development，2002（23）：10－15.

‘教师味’的规范意识与价值观、思考、感悟和行动的方式”①。加拿大学者安迪·哈格里夫斯把教师文化分为内容与形式两方面：前者是指在一特定的教师团体中或是一更广泛的教师团体中共享的价值观、信念、态度、习惯、期望和行为方式；后者是指在文化成员间典型的关系模式、联系方式。国内有学者认为“教师文化是教师承担的诸种角色及表现，使得教师的思想、态度、行为、价值取向等有着不同于其他社会群体的特征，成为一种相对独特的文化形式”②。还有学者把教师文化分为狭义、广义两种，前者是指教师这一特定职业群体的思维模式、价值取向、态度倾向、行为方式；后者是指教师群体在教育教学过程中创造的物质与精神成果的总和。如赵炳辉说：“教师文化应是教师在一定的教育制度下，基于校内、外的教育环境，通过职业活动所形成的职业意识、价值取向和职业行为规范的总和。”③ 本文认为教师文化是指教师这一特殊群体在长期的教育教学实践中所形成的、代表这一特定群体的价值取向、职业精神、职业情操、职业行为规范等的总和。

教师文化的形成与发展受国内外社会经济文化环境、意识形态以及该校办学定位、学校精神等诸多因素影响，因此，一所学校的教师文化体现着该校的办学思想、办学传统以及学校精神，体现着教师群体的精神风貌，对教师群体的思维模式以及行为选择具有非强制性约束作用。从事教育教学活动的主体是人，而激发出人的潜力，文化的力量无形胜有形。

（三）中小学教师文化

所谓中小学教师文化是指由中小学教师在长期的教育教学实践中所形成的一套价值观念、语言习惯、行为方式等的总和，体现着中小学教师的价值观念、职业精神、职业伦理、职业道德等。一般意义上的中小学教师文化由物质文化、制度文化与精神文化三个层次组成，其中精神层面上的教师文化与物质层面、制度层面上的教师文化相比，更具稳定性，是中小学教师文化的核心。中小学教师文化具有以下基本特征：

一是精神性。价值观念是教师文化的核心，教师在教育教学实践活动中，坚持什么、追求什么都与其价值观有着密切联系，不同学校教师价值观是学校

---

① （日）佐藤学．课程与教师［M］．北京：教育科学出版社，1999：112.

② 黄俊英．班集体建设中的教师文化与学生文化［J］．教育导刊，1999（Z1）：51－52.

③ 赵炳辉．教师文化与教师专业成长［J］．教师教育研究，2006（4）：6－10.

全体教师的共同信念、行为准则，是教师群体进行价值判断的内在依据。教师文化更多地具有精神导向作用，包括教师在教育教学生涯中所表现出的职业伦理、职业价值观、职业精神、职业规范等。

二是创新性。一所中学或小学教师文化一旦形成便具有相对稳定性，但要根据社会经济对人才需求的变化以及国家教育改革发展的需要进行改革与创新。

三是功用性。中小学教师文化是学校改革和创新发展的动力，能激发出教师创新的主动性和积极性，这在本质上就体现了教师文化的功用性。

四是独特性。中小学教师文化深受学校文化影响，且因不同学校的办学思想、办学定位、学校文化等不同，不同学校教师文化具有独特个性。

五、河南省中小学教师文化建设调查与分析

（一）河南省中小学教师文化建设现状

优秀的教师文化有利于营造良好的学习环境，深刻影响着教育教学改革创新以及教师专业化等的发展。为全面了解河南省中小学教师文化建设现状，采用定量研究与个案分析相结合方法，采取问卷调查、面对面访谈、网络虚拟交流、电话联系等多种形式，对洛阳、南阳两市的11所中小学进行深入调研，调研内容包括师资队伍、学校基础建设以及教师职业认同、课堂文化、校园文化、教师业余生活、教师学习深造情况等。调研期间共发放调查问卷500份，回收有效问卷482份，有效回收率为96.4%；电话访谈教师32位；利用微信、QQ等虚拟交流方式调研教师86位。调研的中小学教师中，男教师257人，女教师343人；任教科目为主科（语、数、英）的503人，任教科目为副科（理、化、生、政、史、地、音、体等）的97人。这11所中小学分别分布在市、县、乡镇及农村，且有的地区经济较发达，有的地区经济相对落后，具有广泛的代表性，其结果基本上能反映河南省中小学教师文化建设的基本情况。

1. 中小学师资情况

合理的教师队伍结构是开展教师文化建设的基本保障。从调研的师资队伍情况来看，城乡学校之间师资队伍建设存在明显差异，市、县、乡、村各级中小学的教师队伍，在学历、职称、数量等方面，各指标均呈现逐渐降低趋势。大致来说，市、县中小学的教师数量配备较为充足，学历较高，教师一般都具有专科以上学历，尤其是市级中学不少年轻教师为硕士研究生毕业；而乡、村

一级尤其是农村小学教学点，教师数量不足，学历和职称层次普遍较低，教师年龄一般偏大，且计算机、体育、音乐、美术等专业老师严重不足。

2. 学校的基础建设

学校的基础建设是开展教师文化建设的物质保证。从校园基础建设情况来看，市、县中小学的基础设施一般比较完备，基本上都有现代化的教学楼、图书馆、体育馆、宿舍楼等建筑；有多媒体教室、广播站、户外滚动电子屏等设备；有消防安全设备、保安巡逻、监控系统、门岗检查等安保措施；校舍整洁，环境优美；而设在乡、村的中小学校的基础设施一般较为落后，校园环境一般较差，普遍未有安保设施，现代化教学设备严重不足。一些偏僻的农村小学教学点，甚至连操场都没有，教室的桌椅、上课所用的黑板等破烂不堪，校园没有围墙，也没有门卫，人、畜随意穿越校园，影响着学校的教学秩序。

3. 教师的职业认同

教师职业认同是教师个体从事职业或与职业具有一致性的感觉，影响着工作满意度、生活满意度及职业满意度。本课题认为中小学教师职业认同“是指教师在其职业环境中通过自我反思所形成的对于教师职业各种因素的看法与社会对该职业的评价及期望达成一致状态的过程”①。教师职业认同是教师爱岗敬业、乐教爱教的心理基础。调研中发现河南省中小学教师中普遍存在职业认同度偏低现象，造成的原因是多方面的，主要是在现行教育模式下，教师的工作压力较大、工资收入较低造成部分中小学教师出现“焦虑症”，职业满意度、生活幸福感较低。从地理位置方面比较，城市学校的基础建设相对完备，工作环境相对优越，生活条件相对便利，市、县中小学教师要比乡（镇）、村中小学教师的职业认同度略高；从学校层次方面比较，中学教师职业认同度高于小学教师。另外，近年来被媒体曝光的有关教师职业行为中的失范问题，以及教育产业化暴露出的一些问题，加剧了人们对教师身份认同上的偏离。这种情况，在基层、偏远的中小学表现尤为突出。

4. 课堂文化

课堂文化是以学校课堂为主要空间，是教师文化的价值取向在课堂教学活

---

① 殷晓静，文进荣．教师职业认同与教师教育［J］．广西教育学院学报，2009（1）：52－55.

动中的具体体现，“促使学生逐步产生积极的学习情感、思想品质和行为习惯，形成民主平等、合作探究的文化意识形态”①。教师是课堂文化的“生产者”，决定着文化的基调，引导着学校价值取向。教师授课过程中还传递着自己的价值观念与思维方式，潜移默化地影响着学生的成长。调研发现，部分中小学教师并未形成自己的教学风格、教育理念，课堂文化较为死板，与学生互动形式单调，效果不理想，平等民主的商讨和思辨争论活动较少。“从文化的视角来看，教学本是师生之间的一种文化互动，然而教学互动关系的人为分离，使得课堂呈现‘权威独断’的文化形态”②。部分教师在课堂上仍采用“填鸭式”教学模式，要求学生无条件地尊重教师权威，忽视学生自主学习能力的培育，影响学生探究知识兴趣的培养。

随着基础教育改革的深入推进，不少教师虽有创新课堂教学的想法，但在现行的“学生的成绩”被等同于“教师的能力”社会评价环境下，影响着教师改革创新的积极性。比如，新课程理念要求加大学生的课外阅读量，但调研中有几位高中语文教师给学生推荐古今名著时，却遭到家长、班主任等的反对，理由是：“高考又不考，看那些闲书有啥用?”这样一来，新课改所提倡的课外阅读在现实中很难落地。

5. 校园文化

校园文化是教师文化建设的重要保障之一。调研样本学校中的市、县中小学，校园风景优美，充满积极向上的文化气息。学校均制定有校训、校风，有校歌、校报，有校园网，有的还建有浮雕壁画、名人名言长廊等，既体现着传统文化精华，也彰显着现代校园文化气息。学校定期举办运动会、知识竞赛等文体活动，支持学生开展文娱类等丰富多彩的社团活动。学校定期组织教师开展课堂教学大赛以及教案、课件、说课、硬笔书法等教学基本功比赛活动，不定期开展教师读书月、教师团队素质拓展训练营、教职工文艺会演等活动。而乡镇、农村中小学校园文化建设的明显单薄，具体表现为校园环境绿化率低、卫生状况差，除教学工作外很少开展课外文体活动。

---

① 杨伟光，张海英．教师的文化自觉成就课堂文化［J］．教育研究与评论（小学教育教学），2015（1）：36－39.

② 蔡建华．课改背景下课堂文化的解析与重构［N］．江苏教育报，2013－08－23（04）．

6. 教师业余生活

教师的业余生活是教师个人知识获得的重要途径，是教师自我价值认同的重要载体。与其他行业相比，教师群体真正意义上的业余生活时间非常有限。调研中不少中小学教师在课余时间还要批改作业、处理学生纠纷、进行家访等；再加上教师个人家庭事务，他们的大量时间和精力都耗费在上述具体事务中。另外，随着市场经济的发展，受经济利益的诱惑，部分教师为增加收入，改善生存状态，选择在业余时间从事有偿家教或第二职业。

调研中的个别市、县中小学校，虽建有教师活动中心，配备有乒乓球、羽毛球、围棋、健身器材等文体设施，但很少有老师使用。而乡村中小学根本就没有教师文体活动中心。“新一轮基础教育课程改革的过程，实质上是重建学校文化的过程，也是以人为本、实施文化管理的过程。教师是学校的主体，是学校的第一资源。认真抓好文化重构，着力建构教师合作文化，构建教师学习发展共同体，是新课改赢在起点、实现学校可持续发展的必由之路”①。在教师中间开展文体活动能丰富教师的业余文化生活，缓解教师工作生活上的压力，培育教师精神，增强教师间的合作意识，而调研的中小学校，除定期开展运动会、元旦晚会外，无其他集体性文体活动。总之，中小学教师的业余文化生活单调、贫乏，不利于教师文化的培育。

7. 教师的学习深造

教师的教育理念、文化素养要根据时代的需要不断进行更新，只有不断学习深造，才能使自己的教育理念和教学方法跟上时代的步伐。许多中小学教师，自主学习意识不强，对学校组织的学习活动敷衍应付，不重视先进教育理论的学习。有些教师虽认识到继续学习的重要性，在实际行动上表现为自我学习、发展动力不足。而从学校层面来看，中小学教师在职继续教育体系还不完善，特别是农村中小学教师的培训机会少得可怜；因教学任务繁重，经费紧张，很多学校不提倡、不鼓励教师外出学习。

（二）河南省中小学教师文化存在的主要问题

通过调研发现，河南省中小学教师文化建设虽取得一定成绩，但也存在以

① 周瑞刚．建构教师合作文化 促进教师群体发展——基于教师文化建构的视角［J］．教书育人，2013（4）：36－37.

下需要改进的问题，主要有以下几个方面。

一是对教师文化建设重视程度不够。教师文化是教师专业化成长的根基，提高教育教学质量的重要保障。在调研中发现，65%的中小学管理者尚未意识到教师的教育理念、职业认同、价值观念、校园文化、课堂文化等文化层面因素在学校发展中的关键作用，他们普遍认为只要学生能考高分，学校成绩在学区排名靠前，就说明学校的管理和教学水平较高，有的学校领导根本不重视教师文化对学校发展的作用。

二是教师合作文化建设不足。加强教师间的合作是新课改的基本要求："新课改无论是研究的内容，还是研究的方式，都涉及多门学科知识和领域，它需要教师之间更紧密、更有效的有机结合。"① 良好的教师文化应是开放的、合作的，教师群体之间合作关系"对个人专业成长有着重要的影响。如果教师生活在一种合作的文化氛围中，开放性的对话和讨论会使每位教师的思想得到启迪，教学行为得以改善，同事的思想和良好的建议成为自己专业发展的重要资源"②。调研表明，在教育教学实践活动中，中小学教师日常教学工作一般是独立完成的，学校间、本校教师间的交流合作很少，即便是同一年级同一学科的教师相互间交流也不多，造成这一局面的原因是多方面，主要受教育行政部门、学校评价机制影响，现在多数中小学是以班级、学科或学校等为单位进行评价与考核的，并将考核结果作为评先评优等的重要依据，造成部分教师不愿意与同事分享自己的教学经验或心得，这影响着教师间的团结合作，不利于新课改的推进，也不利于学校教学质量的进一步提升。

三是教师教育理念更新较慢。教师职业是一个特殊的职业，需要教师终身学习、不断进行改革与创新。创新是新课程改革的基本要求，教师的创新意识在教学改革中起关键作用，"从教师的作用来看，培养教师的创新意识是培养学生创新意识的前提"，"从师生关系看，具有创新意识是培养创新人才的催生剂"③。教师只有具备强烈的创新意识才能不断更新教学理念，才能从根本上摆脱旧的教育观念的束缚。调研中的不少中小学教师仍固守传统的"单项灌输"教学模式，创新教育理念意识不强。

---

① 刘引．合作：教师文化的发展方向［J］．人民教育，2006（Z1）：17－19.

② 赵昌木．教师在批判性教学反思中成长［J］．教育理论与实践，2004（5）：42－45.

③ 周剑．教师创新意识的培养［J］．科教导刊，2011（6）．

四是城乡教育发展不平衡。“教育公平是社会公平的基础和核心环节，是和谐社会不可缺少的基本因素，没有教育的公平，就谈不上社会公平。城乡教育差距作为教育公平的突出表现之一更为受人关注”①。为缩小城乡间教育差距，实现教育公平，国家先后对农村教育实施“两基攻坚”“特岗教师计划”“两免一补”“免费师范生政策”等政策，虽取得一定效果但与城市教育相比，与人民群众对优质教育的渴望相比，与国家建设人力资源强国目标相比，农村教育仍是短板。调研中的河南农村基础教育与城市教育相比差距仍然较大，主要体现在财政投入不足、师资力量较薄弱、基础设施不完善等方面。在基础设施、教学仪器方面，城市中小学一般都有先进的电教中心、各类实验室、多媒体视听教室等，而许多农村中小学在校舍建筑、实验器材、文体设施、教学设备等方面尚未能达标。城乡教育差距中的“硬件”部分，可通过加大财政投入等进行改善，而“软件”方面，如农村中小学师资力量薄弱，是一非常难解决的问题。农村中小学普遍存在教师学历低、知识结构老化、年龄偏大、知识面窄等问题。相对于城市中小学教师优越的工作生活环境，农村条件艰苦，教师的工资福利又较低，导致许多农村优秀教师单向流往城市，而城里的教师根本不愿意到农村任教；还有农村的老教师退休后新教师又不愿意下农村。调研的某农村中学，近五年来优秀骨干教师流失到县城的比例达10.8%，基本上每一学年都有教师申请调走。因农村中小学教师数量补充不及时造成不少地区教师严重缺编，一些学校不得不聘用一些代课老师，有些代课老师的学历、素养较低难以保证教学质量。

六、优化河南中小学教师文化建设的若干思考

教育教学水平的提升关键在教师，而教师文化的培育与优化是建设一支优秀中小学教师队伍的内在支撑。教师文化对教师群体具有激励、导向、约束等功能，因此要营造一个尊师重教的社会文化环境，用良好的教育文化环境激励教师、鼓舞教师、凝聚教师力量。优化教师文化环境提升、建设水平是全社会的事业，需要学校、家长、社会的密切配合，提出如下建议。

---

① 张英花．城乡义务教育差距的社会成因分析［J］．内蒙古师范大学学报（教育科学版），2010（4）：11－14.

（一）充分发挥教育行政部门的主导作用

河南省各地教育局等教育行政管理部门在中小学教师文化建设中应充分发挥起组织和推动作用：一是健全教师文化建设管理制度，打造良好的教师文化制度环境。河南省各地教育局等教学行政管理部门应结合本地实际情况，针对中小学教师文化建设中存在的问题，建立健全教师文化管理制度，为中小学加强教师文化建设提供制度保证。二是构建教师文化建设的长效发展机制。河南省各地教育局应积极构建教师文化建设的长效发展机制，开展形式多样的教师职业精神、职业道德、职业操守等教育活动，还要把教师文化培训融入教师的准入、入职前的培养、职后培训的全过程。三是切实提高中小学教师的福利待遇。教育投入是提升教师文化建设水平的物质保障。各级政府应合理调配社会资源，保证中小学尤其是农村中小学的教育经费投入，还要进一步完善中小学教师的休假、学习、医疗保障等制度，为中小学教师专业化发展提供保证。特别强调的是政府应进一步加大农村教育的投入。著者调研中发现河南省农村小学教学点存在的突出问题：教师数量不足、专业师资短缺、知识结构陈旧，针对这一现状建议进一步加强对农村小学尤其是农村教学点优惠政策，尤其是鼓励英语、体、音、美等紧缺专业教师到农村小学教学点，以促进河南省基础教育质量的提升与均衡发展。在财政投入上，要加大向农村小学教学点倾斜力度，改善农村教学点的办学条件，优化教师文化建设的物质环境。四是强化中小教师的职业认同教育。河南省各地教育局等教育行政管理部门应重视对中小学教师自我价值观的培育，增强中小学教师的职业责任感、使命感、自豪感、归属感，还要加强社会宣传以提高中小学教师的社会地位。教师的职业素养影响着教学工作的效率与质量，提高中小学教师的职业素养，建议从加强培训与学习、考核等途径入手，同时各地教育行政管理部门要重视师德教育工作。师德是教师文化的灵魂，影响甚至决定着教师对学生的热爱程度以及对教育事业的忠诚度；影响着基础教育的质量以及学生的健康成长。各级党委和政府应关爱教师，千方百计创造条件，让广大中小学教师能够安心从教、舒心从教、静心从教、热心从教，让中小学教师成为让人羡慕的职业之一。

（二）充分发挥学校的主体作用

中小学校的领导尤其是校长要充分认识到教师文化在学校发展中的重要作用，应充分发挥起教师文化建设的组织者作用：

一是营造尊师重教的学校文化氛围。将学校文化尤其是教师文化的宣传与教育作为学校文化建设的重点工作之一，通过开展形式多样、针对性的教育实践活动，激发教师尤其是青年教师的敬业精神、责任意识；进一步加强校园环境文化建设，营造一种爱岗敬业、尊师重教的校园文化氛围。

二是重视中小学校教师的继续教育。中小学校要重视对教师的继续教育，针对教师文化建设形式单一难以达到预期效果等问题，建议创新教师文化教育的内容和形式，完善评价办法，提高教师文化建设水平。

三是重视教育改革与创新，推动教师不断更新教学理念。中小学校要高度重视教师现代教育技术的学习，不断提升教师的专业化水平、更新教学理念。2013 年教育部《关于深化中小学教师培训模式改革 全面提升培训质量的指导意见》中提出，“各地要将提高教师教育教学技能作为培训的主要内容，以典型教学案例为载体，创设真实课堂教学环境，紧密结合学校教育教学一线实际，开展主题鲜明的技能培训”，“要将中小学教师专业标准、师德教育和信息技术作为通识课程，列入培训必修模块”。此外，中小学教师的教学理念对教育教学质量有着重要影响，因此，中小学校要积极推动中小学教师尤其是农村小学教学点教师不断学习先进教学理念，摒弃陈旧的教学观念。

四是重视教师职业精神和职业道德的培养。建立符合社会主义核心价值观的教师职业观、职业精神是中小学教师专业化发展的基本要求。著者调研发现不少教师对教师职业的认识仅停留在谋生工具的层面，并不是从内心认同教师这一职业。中小学教师文化培育的首要任务就是培养教师尤其是新入职的教师形成正确的教师价值观。同时中小学应重视教师职业精神的培育，使广大教师树立爱岗敬业、献身教育事业、不断进取的精神。

（三）立足于中原文化

中原文化中有很多合理的因素，把中原文化中的精华融入河南教师文化建设中：一是发扬重师德建设的传统，提高教师队伍的道德建设水平。教师在社会民众和学生心目中是道德、知识的化身。传统的儒家教育非常重视道德建设，孔子提出“君子怀德”，老师要有高尚的品德，“其身正，不令而行；其身不正，虽令不从”。教师应具有“知书达礼”的高尚人格，“传道之人，必须闻道在先”。二是变随遇而安为开拓创新。受中原传统文化的影响，不少中小学教师形成安贫乐道、随遇而安的思维模式，提升河南省中小学教师文化建设水平，就要引导广大中小学教师树立勤于学习、敢于开拓创新的理念，引导广大教师解放思想，大胆进行教学改革与创新。三是把中原文化融入中小学教师创新教育中，创新教育在培养创新精神、营造创新文化环境方面具有不可替代的作用，美国、英国等一批国家已形成涵盖从初中到研究生的一套创新创业教育体系。河南要实现“大众创业、万众创新力争走在全国前列”的发展目标，形成浓郁的创新创业文化氛围，加强中小学创新创业教育势在必行，一方面应将古代优秀商业文化融入课程，把重诚信、自强不息、追求合理合法利润等传统观念融入学校文化建设中；另一方面需要不断提高教师创新能力。

（四）营造一个尊师重教的社会文化环境

弘扬中原地区尊师重教、崇智尚学的优良社会文化传统，建设一支的师德高尚、结构合理、充满活力、业务精湛的高素质中小学教师队伍是提升河南教育水平的基础，实现这一目标营造尊师重教社会文化氛围势在必行。中原地区素有尊师重教的优良传统，长期以来广大中小学教师特别是农村中小学教师，在艰苦清贫的条件下恪尽职守、默默耕耘，为教育事业默默奉献，要加大对这种平凡而伟大精神的宣传。同时媒体对教师的宣传舆论导向要全面、客观。当前大众传播媒介对中小教师的宣传报道出现两个不客观情况：一是对教师的宣传完美化，容易让社会大众对教师的形象过于理想化；一是将部分教师“妖魔化”。因此媒体对教师的宣传要全面、客观，让社会大众对教师这一职业有一比较客观的认识与判断。

（五）强化农村教学点教师文化建设

分布于河南省各地的农村小学教学点因规模小、学生与老师均少，建设教师文化的基础与氛围较为薄弱，因此可以乡镇为单位，将小学校与小学教学点结成教学联盟，为农村教学点的教师创造一个团队合作的平台。如定期开展课堂教学大赛以及教案、说课、硬笔书法等教学基本功竞赛活动。有条件的地方，还可不定期举办红歌大赛等文体活动，以丰富教师的业余文化生活。乡镇学校的教师还可通过网络建立 QQ 群或微信群，加强区域内教师间的联系，相互交流教学心得体会等，形成教育合作文化氛围。

参考文献

[1] 宁虹. 重新理解教育 [M]. 北京：教育科学出版社，2010.

[2] 申继亮. 教学反思与行动研究——教师发展之路 [M]. 北京：北京师范大学出版社，2006.

[3] 叶澜. "新基础教育"论——关于当代中国学校变革的探究与认识 [M]. 北京：教育科学出版社，2007.

[4] 赵中建. 学校文化 [M]. 上海：华东师范大学出版社，2004.

[5] 车丽娜. 教师文化初探 [J]. 教育理论与实践，2006（11）.

[6] 丁道勇. 教师反思的思想源头及其影响 [J]. 教师教育研究，2008（1）.

[7] 邓涛，鲍传友. 教师文化的重新理解与建构——哈格里夫斯的教师文化观述评 [J]. 外国教育研究，2005（8）.

[8] 樊亚峤，靳玉乐. 教师文化视野中的教师专业发展 [J]. 浙江教育科学 .2006（5）.

[9] 李清臣. 学校文化重建：课程改革的重大诉求 [J]. 河南师范大学学报（哲学社会科学版），2007（2）.

[10] 章光洁. 多元文化社会中的教师角色及其对教师教育的启示 [J]. 西南师范大学学报（人文社会科学版），2002（11）.

[11] 宋宏福. 教师文化及其对教师成长的意义 [J]. 教育与职业，2004（15）.

[12] 马晓燕，单连春. 论精神文化发展的动力 [J]. 东北师大学报（哲学社会科学版），2007（3）.

[13] 孟凡丽，李斌. 我国教师文化研究：盘点与思考 [J]. 西北师大学报（社会科学版），2007（3）.

[14] 王培锋，张茂聪. 论学校精神文化建设 [J]. 中国成人教育，2007（8）.

高校优化校园文化建设的路径探析

文化是一个国家或民族的精神和灵魂，高校作为先进文化传承、知识创新与传播的高地，肩负着为社会经济发展提供智力支持和培养具有先进文化理念人才的历史使命。国家不断深化高等教育教学改革，大学生就业压力较大、道德文化建设滞后等影响着国民综合素质的提高，且国际上节能减排压力日增，因此，对高校校园文化体系进行优化创新不仅必要还非常迫切，本文试图对如何优化我国高校校园文化体系建设进行了探讨。

一、高校优化校园文化体系的必要性

高校校园文化是高校师生员工等在长期教育教学、学习与生活实践等过程中形成的价值观念、思维模式、行为方式等的总和。高校作为传承并发展人类先进文明以及培养人才的专门机构，其文化体系应具有开放性、前瞻性、创新性等特征，而当前部分高校校园文化建设的某些环节已显滞后，主要理由如下：

一是跟不上多种文化碰撞与交融的需要。受经济全球化、经济发展方式低碳化、高等教育国际化发展、互联网普及化、市场经济体制改革等冲击，道德文化的功利化等问题凸显，使中国高等教育院校所处的社会文化环境变得更为复杂。经济全球化带动文化一体化发展，伴随着产品、资本、技术、人才等的全球流动，文化在全球范围内得以广泛传播与交流，尤其是发达国家强势文化对较落后国家文化的冲击越来越大。中国高校校园文化体系应根据时代变迁、社会发展的需要进行改革与创新，但是不少高校在校园文化建设方面显得滞后，跟不上社会经济发展的需要，影响着高校文化传承与创新职能的发挥。

二是滞后于低碳社会建设的需要。发展低碳经济，缓解日益严重的生态、能源危机是世界经济发展不可阻挡的历史潮流。低碳文化是低碳经济社会发展的内在支撑，能否形成健全的低碳文化对发展低碳经济至关重要。全球气候变暖，生态和能源危机日益凸显，强化低碳文化建设，极倡导师生员工践行绿色、低碳理念是高校肩负的基本使命，尤其是随着我国高等教育大众化的发展，高校师生员工队伍对中国低碳文化氛围的营造发挥着重要作用。高校师生不仅是社会经济文化变革的中坚力量，研究和发展低碳理论、低碳文化的重要力量，而且是传播和践行低碳、绿色观念的核心群体，一个大学生、一个高校教师基本上代表着一个家庭、一个社交群体，能形成强大的社会辐射和传播效应。因此如何将低碳理念融入高校文化建设中，提高大学生绿色、低碳素养，推动大学生自觉践行绿色、低碳理念，营造低碳文化氛围，是当前高校校园文化建设应予考虑的重要内容。

三是培养创业型人才，缓和就业压力的需要。创业文化影响和制约创业者的创业激情和活力，影响甚至决定着创业者的思维和行为选择。创业文化是人们在创业活动中普遍表现出来的思想意识、价值观念、行为方式及其相应成果的总和。目前，创业文化是中国文化体系建设中较为薄弱环节，高校作为先进文化创新和发展的高地，在国家鼓励创新创业大背景下，培育具有现代创新创业文化素质的人才是义不容辞的责任，鼓励高校教师、学生创新创业，既可以加速科技成果转化，又可以在一定程度上缓解大学毕业生就业压力，而当前大学生创业积极性、成功率与美国等发达国家相比均显较低，这自然是由多种原因造成的，但与我国创业文化建设滞后有一定的联系。大学创新创业文化的建设重在转变当前大学生追求稳定性及低风险性的择业观念，怕失败、缺乏冒险以“保守、求稳”为特征的创新创业观念。高校校园文化体系中应积极培育和弘扬敢于竞争、敢担风险、乐于奉献、团结协作等创新创业精神，使大学生树立积极向上的择业观、创业观、失业观，把树立创新意识、凝练创业精神作为高校文化创新中的重任务常抓不懈，如定期开展大学生创业设计大赛、创业素质竞赛及开展“未来的经理人”“创造财富与人生价值”等主题活动，营造和形成以宽容失败、以人为本、拼搏奉献、敢于冒险等为特征的现代创新创业文化氛围，继而转变传统的求稳怕变、官本位等文化理念的不利影响。

四是加强道德文化建设的客观需要。文化乃制度之母，温家宝总理曾强调：“当前文化建设特别是道德文化建设，同经济发展相比仍然是一条短腿。”“一个国家，如果没有国民素质的提高和道德的力量，绝不可能成为一个真正强大的国家、一个受人尊敬的国家。”校园道德文化不仅是良好学风和校风形成的载体，而且是提高国民道德素质，提升整个社会道德水平的基础。而当前随着我国高等教育大众化、互联网与信息化等发展及改革开放以来外来文化在高校校园的渗透和发展，使大学传统的校园文化体系中有关道德教育的方法和形式需要完善和创新，在高校校园文化体系建设中应加强道德文化建设，探索道德文化教育教学的新形式、新方法。

五是适应大学主体变化的需要。高校主体由大学生和教师两个基本部分组成，但在2000年以来二者均发生了巨大变化。学生方面，随着高等教育由精英教育转向大众教育，人数激增，且生源质量参差不齐，学生素质复杂多样；同时由于高校扩招及合并带来文化建设的滞后，而当前大学生自身也出现诸多不同于之前大学生的特征，如独生子女增多。教育主体的变化自然要求高校教学形式和方法以及内容发生变革，而传统的高校校园文化的建构是以多兄弟姊妹为基础，校园文化体系也应随着教育主体的变化而相应完善和创新。而传统高校文化体系缺少相应的方案。就教师群体而言，高校的扩招带来教师队伍的膨胀，新教师、年轻教师数量的增加一方面给中国高校文化建设注入了新的活力，但一大批教学经验不足的教师走入大学课堂，不仅影响教学质量，而且优秀的文化理念也很难在高校课堂体系中得以很好贯彻。同时，社会对应用型人才需求的增加，使高校的课程更强调应用性和职业性。因此，随着大学主体的变化，大学文化体系也应与时俱进，进行完善与创新，形成应对新问题的新文化和新理念。

六是突破高校校园文化建设自身局限性的需要。社会、经济以及教育转型使高校校园文化体系与现实需求出现诸多不适应，主要表现在以下几个方面：一是建设主体不全，高校校园文化建设主体应包括学校领导、教职员工、学生三大群体，但在当前中国普遍被误认为高校文化建设是团、党、学组织的事，把主体局限于政工干部和学生；二是高校普遍对校园文化建设的重要性认识不足，使校园文化建设既缺乏科学的体系，难以形成合力；三是校园文化与课堂文化融合不足，校园文化只有同课堂文化相融合才能发挥潜移默化的教育功能，但在中国高校普遍存在重课堂教学质量，轻课堂文化与大学精神的结合，缺乏校园文化建设的内在的、长效的建设机制。

二、高校优化校园文化的基本原则

高校校园文化建设是一系统的工程，要对当前文化体系进行优化创新，建议遵循以下基本原则。

一是民族性与国际化相结合原则。经济、文化全球化势不可挡，高等教育的内容、形式以及方法的国际化发展是基本趋势。民族性与国际化相结合是优化高校校园文化的基本原则。一方面校园文化是亚文化，根植于民族文化土壤中，中华民族有五千年文明，校园文化必然打上传统文明的烙印。因此，优化高校校园文化时要吸收传统文化中的合理内核，并结合经济社会发展的需要向现代转型；另一方面在经济文化全球化背景下，高等教育国际化发展、人才跨国培养基本趋势，优化校园文化时还要充分吸收世界各民族的优秀文化，尤其是发达国家的优秀教育文化成果。

二是要增强实效性、强调知行合一。高校校园文化的完善与创新不仅要重视理论的创新，更要重视实践的创新，尤其是核心价值观体系要切切实实地落地。高校校园文化建设应重视实效性，强调知行合一，把知行合一的操作性深入到多样化的实践中。

三是承继传统、彰显个性。高校校园文化建设要承继传统、彰显个性，要形成百花争艳的局面，而不是千校一面。不同的高校具有不同的历史传统、地域特色优势，各校应立足自身优势资源，因校制宜优化校园文化体系建设。目前我国高校文化建设中存在跟风、从众现象，不少学校忽略了自身的优秀文化传统、特色和连续性。因此，高校应在把握时代共性的同时，保持文化特色和文化优势。

大学校园文化建设是一项系统工程，高校领导应站在战略管理的高度，全面、系统地调研，合理对校园文化建设进行定位、策划并采取有效措施推动文化观念的贯彻与落地。高校校园文化体系包括四个层次，即物质文化、行为文化、制度文化和精神文化，这四个层次是有主次和先后之分的，在完善和创新时应考量四个层次、各个系统间的协调，要系统规划，避免顾此失彼。

三、优化校园文化建设的若干思考

高校校园文化体系的完善与创新受多种因素影响和制约，需要站在战略的高度，以创新的意识和方法优化校园文化建设。

一是完善大学精神。高校校园文化建设的核心是学校精神的塑造，在传承优秀历史文化传统、彰显个性的基础上塑造校园文化精神是根本。在当前形势下，转变经济发展方式，发展低碳经济成为各国共识，在我国高校毕业就业压力持续攀升等时代背景下，塑造大学精神时应体现尚德、绿色低碳、重视创业等理念，即以高尚的道德文化引导和规范大学师生的思想和行为；以绿色、低碳观念引领高校师生员工认同绿色、低碳文化；以现代创新创业理念指引大学生转变创新创业观念，营造适应国家“双创”需要的校园文化氛围。

二是优化大学制度文化建设。制度文化不仅是高校文化的外在表现，体现一所大学的办学理念、育人方针、价值取向，也是高校文化落地的重要保证。把低碳文化融入大学校园文化建设中是一重要课题，国内外高校低碳校园文化建设成功范例并不多，大多数学校低碳校园制度尚在完善中。完善大学校园制度文化是优化高校校园文化体系的基本保障。

三是优化大学环境文化。完善大学校园文化建设需要从营造“大文化环境”、打造“中文环境”、培育“小文化环境”三个层面着手。所谓“大文化环境”是指社会文化环境，大学文化建设受社会文化环境的影响与制约；“中文化环境”是指包括教育各个阶段的文化环境；“小文化环境”是专指大学的文化环境。大学校园环境文化体系的营造需要全社会的共同努力，首先要在中国积极培育和营造一个崇尚诚实守信、尊老爱幼、互助互爱、团结协作等社会文化环境；其次把鼓励创业、推崇低碳等理念融入教育的各个阶段。这一理念在一些发达国家已经取得较好的效果。我国的道德、低碳、创业等文化理念贯彻和传播也应从基础教育抓起；再次大学要构建科学、系统的校园环境文化体系，营造以尚德、绿色低碳、创业为导向的校园环境文化建设以及相关宣传，为支持尚德、绿色低碳、鼓励创业文化提供环境保证。

四是优化大学行为文化。优化大学校园文化的终极目标是大学师生员工接受并践行校园文化的核心价值观和学校精神，提高文化素养，把先进文化理念内化为信念，外化在行为中。高校领导与教师对大学文化价值观的积极倡导和身体力行的表率作用具有重要意义，首先高校领导应是学校文化的倡导者和灌输者，并且是执行者；其次老师应在学术、教学、生活等活动中践行学校文化，为大学生树立榜样；最后需要大学生把学校文化落实到行为中，高校要完善相关的评价与激励机制，鼓励学生践行学校文化。

五是积极推进校园文化管理现代化。优化学校文化建设需要学校管理理念、方式创新的支持，应充分利用互联网、信息化等带来文化管理的高效率，增强校园文化管理的实效性，发挥学校文化基本作用及承担起在社会文化建设中的使命与责任。

参考文献

[1] 潘懋元. 大学教师发展与教育质量提升——在第四届高等教育质量国际学术研讨会上的发言 [J]. 深圳大学学报（人文社会科学版），2007（1）：24.

[2] 阎凤桥. 转型中的中国学术职业：制度分析视角 [J]. 教育学报，2009（4）：14.

[3] 胡祖吉. 生态文化教育与大学校园文化的交融 [J]. 教育探索，2008（4）：112.

高校构建绿色教育体系的路径探析

发展绿色经济，缓解日益严重的能源、资源、生态、气候等危机是世界经济发展的必然趋势。2015 年 10 月 29 日，中共十八届五中全会公报强调要实现“十三五”时期发展的目标，就必须牢固树立并切实贯彻创新、协调、绿色、开放、共享发展理念。要推进绿色经济发展不仅需要技术创新的支撑，还需要教育教学、法律法规、文化观念等全方位绿色化发展的配合与支持。高校是文化传承创新、人才培养的专门机构，承担着绿色、低碳、环保等知识的传播与发展、科技研发等多种职能，肩负着为绿色经济社会发展提供智力、人才支持的历史使命，而目前有关高校绿色教育教学的研究仍是薄弱环节，如何将绿色理念融入高等教育教学中仍是研究的重要课题，因此，笔者就此问题进行探索。

一、高校构建绿色教育体系的必要性

高校绿色教育体系是指将绿色、低碳、环保理念融入高等教育教学体系中，加强相关研究等，打造绿色校园文化环境，构建一种绿色学习、生活、工作的新型教育教学体系。目前，我国将绿色理念融入大学教育教学体系中不仅必要而且迫切，主要理由如下：

一是实现“十三五规划”中“绿色”发展的需要。绿色教育的发展能为绿色经济社会发展提供人才、智力、技术等支持。以绿色理念对当前我国大学教育教学体系进行改革与创新是高等教育实现基本功能的要求，且是高校适应经济社会绿色发展的需要。绿色发展已成各国共识，一些发达国家在绿色经济、低碳技术等方面已取得关键性突破。我国也进行了多年的探索，当前形势要进一步深化教育教学体系，为实现“十三五”规划中“绿色”发展目标提供人才和智力支持，以及践行绿色理念的标杆。高校本身也是碳排放的主体之一，师生员工不仅是国家经济社会绿色发展的中坚力量，还是传播和践行绿色理念的主力。

二是有助于提升高等教育的国际竞争力。高等教育绿色化发展是当前各国教育发展的基本趋势。经济发达的国家一般都比较重视高等教育的绿色发展，一些国家在20世纪七八十年代就开始把绿色、环保理念融入大学建设中。早在1972年斯德哥尔摩人类环境会议就提出“绿色学校”理念，1994年联合国教科文组织倡导开展“可持续性的教育”。1994年欧洲启动了“生态学校计划”，已有数千所学校参加。1997年美国30余所著名高校加入了“环保高校联盟”，2007年成立了“气候变化应对协议校长联盟”。2009年英国东安格利亚大学开设“低碳战略管理MBA”专业，为绿色经济发展培育人才。2010年英国开始在中小学建立零碳学校的试点工作。

在气候变暖威胁着全人类安全的今天，绿色经济的发展同时带动了国际贸易、国际技术竞争、人才培养等方面的变革，绿色发展是提高高等教育国际竞争力的重要途径，主要理由有三：其一是能节约办学成本。有人估计如果中国近千所高校都成为“绿色大学”，一年便可节省约210亿元，省出26个武汉东湖的水体量，增加七个半香港大的绿化面积；其二是增加与国内外其他高校交流、分享信息的机会，有利于学校的内涵发展；其三是高校办学理念和办学层次的一次升华，还有助于提升在本地区、中国乃至全球的声誉。

三是有助于推动经济绿色发展的进程。伴随着中国经济的快速发展，二氧化碳排放量也在持续增加，国际社会要求中国参与温室气体减排或限排承诺的压力将与日俱增。与此同时，中国还面临着经济增长方式转型的巨大挑战，某种程度上可以说改革开放后30余年中国经济的高增长是以高耗能、高耗材、高污染为代价的。当前，国内外均有高校因进行低碳节能技术改造产生良好社会经济效益的案例，如中国贵州师范学院成为“贵州省环境教育基地”“贵州省绿色大学”，仅采用空气源热泵供热系统为学生集中供应热水一项，每年可节约供热水电费100余万元，彰显了高等教育绿色发展的可行性。

四是有助于提高大学生就业质量。大学生就业压力与日俱增，就业难已成为当前中国必须很好解决的问题。高等教育绿色发展，使开展绿色教育的高校的毕业生，绿色意识相对较高，还在一定程度上提高一些学生的绿色、低碳技术研发能力。绿色经济社会的发展对相关人才的需求必将不断扩大，增加大学毕业生就业的机会和提高就业质量。

二、中国高校绿色教育发展的现状分析

（一）国内绿色教育建设概况

20世纪90年代中国高校就开始把绿色、低碳、环保理念融入学校的基础设施、文化、教育教学中的探索。1998年清华大学率先提出建设“绿色大学”的构想，得到哈尔滨工业大学、对外经济贸易大学等高校的纷纷响应。2008年全国有32所“985工程”重点建设高校发布了建设可持续发展校园的宣言。目前我国高校在绿色教育建设方面取得成绩可归纳为以下几点：

1. 绿色教育模式初步形成

目前我国多数高校都开始了把绿色、低碳、环保理念融入学校建设中的探索，采取多种举措、多种形式开展绿色教育教学工作。已有高校把绿色、低碳、环保理念融入课堂教学和专业建设中，如北京交通大学开办了“可再生能源工程”专业，南开大学开设了“资源循环科学与工程”本科专业，烟台大学在全校开设了“低碳经济”课程等；广泛邀请知名学者、政府官员到高校开展应对气候变化、绿色经济发展专题讲座，或者通过本校博导论坛、硕导论坛、博士论坛等论坛形式，讨论世界环境、气候及绿色经济发展等问题；不少高校还通过开展知识竞赛和各类实践活动，如通过“三下乡”活动以及社会调查等形式宣传绿色、低碳、环保理念。

2. 积极开展绿色、低碳技术研究

高校科研人员纷纷把目光聚焦到绿色、低碳方向，不同专业的教师从不同角度进行理论和实践探讨。笔者对立项的国家社会科学基金项目大致进行统计，2009年以来与绿色、低碳相关立项课题逐年增多。有些高校还建立低碳研究机构，如2009年清华大学在国内率先成立低碳经济研究院，2010年北京交通大学成立“低碳研究与教育中心”。由于中国高校对低碳研究的重视，一些大学部分成果已经接近世界领先水平，如清华大学、武汉大学等。武汉大学2003年就组成课题组开展二氧化碳的循环利用方面的研究，太阳能电池研究已接近世界先进水平。

3. 绿色校园文化初步形成

中国不少高校已开始了绿色校园文化建设的探索，并取得了显著成绩，比较典型的有烟台大学、对外贸易大学、上海财经大学等。烟台大学制定并实施绿色校园方案，利用多种形式宣传绿色理念，对基础设施进行低碳化改造，实施“节能增绿”工程提高碳中和率等。对外经济贸易大学以绿色理念创建绿色校园，调整能源结构，进行节能减排技术改造，采用可再生资源和开展资源循环利用尝试，改变能源使用管理方式，实现能耗数据化、管理动态化、数据可视化、节能指标化等管理；创新传统教育理念，营建绿色文化环境。

4. 加强绿色研究与教育的国际交流与合作

有些高校已开始了绿色研究与教育的国际交流和合作的探索。如北京交通大学低碳研究与教育中心通过邀请国际知名学者、企业家等相关人士到校开展专题讲座，联合培养本科生与研究生，共同举办国际会议等方式，开展与国外高校、企业、国际组织等的交流与合作。2010 年 12 月天津大学联合澳大利亚国立大学、英国威尔士低碳研究院、香港理工大学低碳建筑领域的专家学者，成立低碳建筑国际研究中心，携手建筑设计研究院、大型房地产公司、政府机构，共同探索零碳/低碳的城市与建筑设计理论与实践方案。

5. 构建绿色教育评价体系

一些学校开始探索构建绿色教育评价标准和评价指标体系，如 2005 年同济大学成立上海首个学生“校园节能督察队”，2009 年同济大学开始推广碳足迹计算器和公布个人碳排放信息，并把成绩加入对学生的考核中。2008 年上海财经大学全面开展节约型校园建设工作，成立“节约型校园建设工作领导小组”，并成立节能办公室承担节约型校园建设的具体管理工作。

（二）高校绿色教育建设中存在的问题

因绿色教育在中国尚处于起步阶段，必然存在这样那样的问题，归纳起来主要有以下几点：

1. 高校绿色校园文化氛围营造工作仍需强化

绿色文化是经济社会绿色发展的精神动力，需要高校的师生员工从思想上认同绿色理念、绿色价值观，但多种因素影响和制约着中国高校绿色文化环境的培育与发展。笔者对河南高校学生进行调研，非常了解绿色理念的大学生仅占 16%，一般了解占 50%，偶尔听过 34%。绿色理念和绿色价值观在大学的形成需要一个过程，这个过程大致包括五个阶段：一是接触信息，二是领悟精髓，三是增进情感体验，四是信念化，五是内化为实践。目前中国大多数高校绿色文化建设尚处于前三阶段，离信念化、内化为实践尚有一段距离。

2. 生态伦理道德建设也需加强

绿色经济社会的发展不仅需要相关法律和制度的保障，还需要伦理道德对人们思想和行为的规范和引导。生态伦理道德要求每个人关心环境，参与到自然环境的保护中。当前中国生态伦理道德建设与英美等国相比显得滞后，很多人尚未意识到环境问题实质上也伦理道德问题，因此，以人类的可持续发展为目标，培养和普及环境伦理道德、绿色价值观至关重要。

3. 传统教育体系本身的局限性

目前中国尚未形成系统的、成熟的绿色教育体系，在内容上，绝大多数高校在通识课程体系建设中尚未加入绿色、低碳、环保相关课程；在保障体系建设上，开展绿色教育需要的物质、制度等保障体系尚需完善；在评价标准和体系建设方面，仅有极少数高校开始了探索工作，传统教育体系的局限性也在一定程度上制约着绿色教育的效果和发展进程。

（三）影响中国高校绿色教育发展的原因分析

中国高校绿色教育教学的发展受到多种因素的影响和制约，主要原因可归纳为以下几个方面：

一是绿色理念尚未在高校教育中得到很好贯彻。人们对新生事物从认知到认同，进而内化为行为需要一个过程，对绿色理念的认同到内化为行为也是如此。目前虽有部分高校在教育教学中尝试引入绿色理念，但也不系统，相关制度、物质等保障体系往往缺失或需要健全和完善，影响绿色教育教学的发展进程。

二是政府引导不够。政府在高校绿色教育建设中应发挥引导作用，不仅要制定绿色教育相关制度和法规，而且在财政上应给予一定的支持和补贴，在教育发展规划中融入绿色理念，倡导高校对校园基础实施进行绿色化改造，营造绿色校园文化环境，构建绿色教育教学体系，尤其是要重视对大学绿色教育的管理和监督，督促高校绿色化发展，显然在这方面引导还不够。

三是绿色社会文化氛围需要进一步营造。高校绿色教育的发展需要整个社会绿色文化氛围形成的支持和配合。目前我国居民绿色意识较弱，绿色理念尚未完全融入校园文化、企业文化、社区文化等文化建设中，绿色社会文化氛围在中国远未形成，这也是制约我国高校绿色教育教学质量提升的不可忽视因素。

三、中国高校绿色教育体系构建的若干思考

（一）将绿色理念融入教育保障体系

首先，将绿色理念融入高校精神文化建设中。大学精神是大学文化的核心和灵魂，影响甚至决定着大学及大学人的思想和行为。把绿色理念融入大学精神文化建设，使师生员工了解、认同绿色理念，进而自觉践行，推动大学绿色文化体系的形成与发展，是时代发展的客观要求，也是完善大学绿色教育体系以及绿色理念在高校贯彻落地的精神保证。

其次，将绿色理念融入高校管理制度中。文化虽是制度之母，但文化的落地需要制度的保证。把绿色理念引入大学管理中是一新的课题，尚未有成熟的制度可借鉴。为保证绿色理念在大学教育中较好地贯彻，需要科学设计新制度，优化现有制度，切实保证与绿色教育制度的实施。

再次，建立和健全高校绿色教育物质环境。绿色教育体系的构建和落实需要相应的物质环境作保证，其一是要在教学楼、宿舍楼、各类活动场馆等基础设施建设中体现绿色理念，使用绿色材料，使用太阳能等清洁能源，使学生对绿色环保建立感性认识；其二是在垃圾处理、废水等处理中体现绿色理念；其三是在校园食堂、超市等禁止使用高碳商品并提供相应的物质保证，如为食堂提供消毒餐具和消毒设施，禁止使用一次性餐具；其四是在高校管理中提供绿色管理的基础设施，实行绿色化办公；其五是校内推行绿色化出行并提供相应基础设施。上述均是绿色教育发展需要的物质保证。

第四，以绿色理念建立健全绿色教育监管与评价机制。绿色教育教学体系的构建并不难，难的是如何落地，这就需要建立可量化的、科学的监管和评价机制，如学校年度发展规划中应有绿色教育相关的安排，并要进行有效监督和管理。绿色评价机制是充分利用现代信息技术，搭建绿色教育管理信息系统和网络平台，减少纸质材料等物质能源的消耗，提高评价效率和评价公正、公平性为目的的评价机制。

（二）以绿色理念优化高校教育教学内容体系

要在高校教育体系中体现绿色理念，就要对当前体系进行修订和优化，教

育教学体系主要包括课程体系、教学方法、教学形式等。

首先，完善绿色课程体系。高校应根据各自优势制定绿色教育建设计划，对现有课程体系进行改革。针对传统教育中缺少系统的绿色课程体系，要增加相关课程的设计和开设，而且还要在专业课程设置中积极开展绿色环保相关内容的渗透教育，不断完善绿色教育课程体系。可针对不同年级学生的基础，安排不同的课程体系，如对大一新生进行绿色素质通识教育，把绿色知识、价值观教育纳入学校德育教育体系中；对大二、大三的学生重视他们绿色实践能力的培育，开设绿色经济等课程，把环保理念融入学生三下乡等社会实践活动，开展绿色教育的调查和科研活动等。

其次，深化绿色课堂建设。大学绿色教育自然离不开课堂知识教育，要以课堂教学为主阵地，引导和帮助学生正确地学习绿色理论，树立绿色观念，激发绿色价值认同。与此同时，各类绿色实践活动的开展则是绿色教育教学的第二课堂体系，不仅能使学生了解认识与绿色相关信息的机会，领悟绿色理念和价值观的精髓，增进绿色理念的情感体验，而且使绿色理念逐渐被学生认同和信念化。

再次，改进绿色教学方法。绿色教育形式要灵活，除采用传统课堂教学形式外，还要使教学形式多样化，如通过开展绿色教育专题系列讲座，组织学生进行绿色调查，以绿色理念成立协会或社团，以课题为中心培养学生绿色研究能力等多种形式，普及绿色常识，传播绿色理念，培养学生绿色技术创新能力。

（三）积极开展绿色科学研究

绿色研究和绿色教育二者存在相互促进和相互制约关系，绿色教育的发展能够促进绿色科学研究的发展，而绿色科学研究反过来又能促进绿色教学质量的提升，尤其是绿色教育研究。绿色教育研究不仅能使学生对绿色理论的认识由感性上升到理性，充实教学内容，提高教学质量，提升学校办学层次，还能推动教育教学改革。开展绿色研究首先要转变领导和教师的观念，强调开展绿色研究的重要意义，鼓励教师积极参与绿色科学研究，完善绿色研究激励机制，不断提高绿色研究队伍的科研能力，进而推动绿色教学质量的提升。在开展绿色教育研究中还要加强国际交流与合作，和国内外高校共同探索绿色教学经验。

参考文献

[1] 孙桂娟．低碳经济概论［M］．济南：山东人民出版社，2010.
[2] 胡祖吉．生态文化教育与大学校园文化的交融［J］．教育探索，2008（4）：112.
[3] 张一澍．树立绿色理念，引领校园生活［J］．教育探索，2011（1）．

03

经济与文化篇

我国低碳消费文化建设路径探析

低碳经济是当今社会为缓解日益严重的生态、能源危机，寻求经济社会发展与生态环境保护间平衡而出现的一种新型经济发展方式，其核心理念是以较少的碳排放获得较大的经济、环境和社会效益。2009 年 12 月哥本哈根气候大会后，“低碳”成为全球流行词汇。以低碳消费推动低碳经济发展成为 2010 年以来学术界研究的热点问题之一，于小强提出低碳消费是低碳经济发展的必然选择①，孙延红尝试建立了低碳消费循环模型②，王淑新等人分析了制约我国低碳消费发展的主要因素③，房尚文认为低碳消费建设有赖于政府的推动④，等等。消费文化影响甚至决定着消费者的思想和行为，能否形成健全的低碳消费文化对发展低碳经济至关重要。因此，本文尝试对我国低碳消费文化建设路径进行探讨，以期为我国低碳经济的健康发展提供借鉴。低碳消费文化是指消费者在进行低碳消费过程中所遵循的价值判断、行为准则，是适应低碳经济发展需要的一种新型消费文化。

一、我国低碳消费文化建设的基本原则

以低碳消费推动经济发展方式向低碳方向转变是我国经济社会科学发展的必然选择。建设与低碳经济发展方式相适应的低碳消费文化应遵循以下基本原则。

---

① 于小强．低碳消费方式实现路径分析［J］．消费经济，2010（4）．

② 孙延红．低碳经济时代对低碳消费模式的新探索［J］．山西财经大学学报，2010（2）．

③ 王淑新等．低碳经济时代中国消费模式的转型［J］．软科学，2010（7）．

④ 房尚文．低碳时代的消费模式选择［J］．甘肃社会科学，2010（5）．

（一）民族性和世界性相统一原则

经济、文化全球化是不可阻挡的历史潮流，面对这一态势，民族性和世界性相统一是我国建设低碳消费文化的首要原则。一方面消费文化是亚文化，根植于民族文化的土壤之中。中华民族有五千年文明，消费文化必然打上传统文化的烙印。我国传统文化中，如“天人合一”“崇尚节俭”“量入为出”等理念，对解决西方工业文明所带来的种种恶果，具有独特的价值。因此，我国建设低碳消费文化要吸收传统文化中的合理内核，并结合经济社会发展的需要向现代转换。另一方面在全球化背景下每一个国家都不可能闭关自守地发展经济，因此，在建设低碳消费文化时还要充分吸收世界文化中的优秀成果。总之，建设低碳消费文化要坚持古为今用、洋为中用的原则，正确处理好民族性和世界性的关系。

（二）可持续性原则

低碳消费文化不仅要规范和指引人们低碳消费行为，成为拉动低碳经济发展重要动力，还要具有可持续性。当前中国消费文化受全球化浪潮的冲击，超前消费、炫耀性消费、从众消费等观念对中国居民消费思想和行为产生了重要影响，虽然对拉动经济发展起到一定作用，但对自然环境和资源带来很大压力，影响着中国经济社会的健康科学发展。低碳消费文化的建设不仅要有利于经济发展，还要有利于生态环境的保护；不仅要考虑自然资源利用效率的最大化，还要实现废弃物排放的最小化。建设低碳消费文化要求人们放弃传统的有害环境，高耗材、高耗能、高污染的消费模式，树立既利于经济发展，又有利于人与自然和谐的消费意识。

（三）公正原则

低碳消费文化建设要遵循消费公正原则。消费公正原则是指人们在进行消费活动时应考虑到其他人的消费权益以及对自然界产生的影响，其包括代内、代际和对自然界的消费公正三部分。

所谓代内消费公正是指少数人消耗过多的生态资源是对其他人的不公正。尽管从法律的角度看，每个人都有权支配自己的财产，但从生态伦理的角度看，每一个人在利用自然资源满足自身利益上机会均等，但先富裕起来的人，消耗过多的生态环境资源，造成自然环境的恶化以及使人类生存必要的资源变得短缺，这在一定程度上是对其他人享用自然资源、过健康生活权利的侵犯，是对他人消费的不公正。

所谓代际消费公正是指当代人要对后代的生存和发展负责。因当代人的短视与自私行为，在生产和生活中消耗过多的不可再生资源和对环境的破坏，造成不可再生资源枯竭和生态环境危机，影响到后代人的生存安全和生活质量，这是对后人消费的不公正。

所谓对自然界的消费公正是指人类对生命和自然界负有道德责任。人类要抛弃“人类中心主义”伦理观，承认自然界具有内在价值及生存权利，在生活中把“资源共享”由人类扩大到其他生命体。人类消耗过多的地球资源，造成生态环境危机损害了其他生命体的生存和发展，这是对自然界其他生命体的不公正。

（四）适度消费原则

适度消费是指在资源与环境约束下的一种消费方式。适度消费与中国传统消费文化中倡导的节制消费原则是一致的。宋代理学大师程颢曾大声疾呼：“用之无节，取之无时”后患无穷，呼吁设立专职部门保护自然资源。日益严峻的生态危机和能源危机证明了他预见的正确性。因此，低碳消费文化的建设应该遵循适度原则。

（五）创新性原则

消费文化一旦形成便具有相对的稳定性，但不是亘古不变，而要与时俱进的，不断革新才能保持其生命力。低碳经济是伴随着高效、节能、省材的环保产品的不断出现而形成和发展的，且随着技术进步、基础设施和组织的优化发展速度将不断加快，因此低碳消费文化也要不断创新才能适应低碳经济发展的需要。

二、中国低碳消费文化建设条件分析

低碳消费文化是建立在一定社会经济发展基础上的，当前消费文化、经济发展水平等均制约和影响其形成和发展的进程。

（一）当前消费文化对低碳消费文化形成的双重影响

当前消费文化是低碳消费文化形成和发展的基础。传统与现代、精华与糟粕并存是我国当前消费文化的基本特征，一方面为低碳消费文化的形成奠定了基础，另一方面也存在制约低碳消费文化形成和发展的因素。

1. 当前消费文化为低碳消费文化形成和发展奠定了较好的基础

当前中国消费文化是建设低碳消费文化的基础，其为低碳消费文化的形成和发展在哲学、思想文化等方面已经奠定了较好的基础，主要体现在以下三个方面：

一是崇尚节俭消费文化为低碳消费文化的形成奠定了较好基础。崇尚节俭是中国古代重要的消费伦理思想。荀子曾提出："足国之道，节用裕民而善臧其余。"历代封建帝王都大力倡导节俭消费文化，如道光皇帝多次向臣民强调要黜奢崇俭，"厚生之道，首在崇俭。"节俭消费文化至今影响和制约着中国人的消费行为。2008 年华尔街金融风暴对海外华人和中国的冲击相对较小，国外媒体提出"华尔街金融风暴验证中国传统文化的价值"，他们所说的"中国传统文化的价值"应该是指以节俭为核心理念的消费文化。

二是传统文化中的生态伦理思想为建设低碳消费文化提供了哲学依据。中国古代先哲们普遍认为人类是万物之灵，在天地万物生生不已的运化过程中负有道德责任，这种思想最典型的就是儒家的"仁民而爱物"观念。"仁民而爱物"观念是指将适用于人类的伦理道德规范推广到人与自然的关系上，将仁爱的精神和情感贯注于自然万物，强调人对自然发展负有不可推卸的责任。"仁民而爱物"这种观念起源于夏商之际，贯穿整个封建社会发展历程，其中孔子视"竭泽涸渔""覆巢毁卵"行为为"不义""不孝"之举，孟子明确提出"仁民而爱物"的命题，北宋理学大师张载提出"民吾同胞，物吾与也"，即认为所有的人类都是同一父母（即天地）所生的亲兄弟，其他万物都是人类的朋友。中国古代"仁民爱物"生态伦理思想强调人与自然的和谐，与今天倡导的生态消费、低碳消费的核心理念相一致，为建设低碳消费文化提供了哲学依据。

三是中国传统文化中的"天人合一"等理念为低碳消费文化的形成提供了思想文化基础。古代先哲很早就意识到协调人与自然、人与环境关系的重要性，在消费上要求"适时""适度"，在古代文献中体现这样观点的俯拾皆是。如孟子说："不违农时，谷不可胜食也；数罟不得入洿池，鱼鳖不可胜食也；斧斤以时入山林，材木不可胜用也。"《管子》曰："毋杀畜生，毋拊卵，毋伐木，毋夭英，所以息百长也"。上述理念为我国建设低碳消费文化的形成和发展奠定了思想文化基础。

2. 当前消费文化中制约低碳消费文化形成的因素

忽视当前消费文化中的积极因素是不正确的，对其中消极因素视而不见也同样不利于低碳消费文化的形成和发展。当前消费文化制约着低碳消费文化的形成和发展主要体现在以下几个方面：

一是消费主义对中国人的影响不断扩大。所谓消费主义是20世纪初产生于美国，推崇消费至上、享受至上，以追求过度消费作为满足自我和人生目标的消费文化现象。随着中国改革开放的发展，消费主义对中国人的影响越来越大，越来越多的人过于关注眼前的享乐，使中国消费文化畸形发展，这不利于低碳消费文化的形成和发展。

二是奢侈性和炫耀性消费影响低碳消费文化的形成。消费者行为中普遍存在着浪费成分，在许多方面都与低碳经济的基本精神相悖，如购置商品不考虑实用而考虑时尚，在住房、汽车等消费过程中从众、攀比消费心理普遍，追求大户型、大排量等。

三是人情消费过重不利于低碳消费文化的形成。中国是礼仪之邦，在人际交往中向来重视礼尚往来，重视人情消费是中国传统消费文化的重要组成部分。随着经济发展，人情消费文化畸形发展，结婚、生子均要大宴宾客，有些地方就连过生日、盖房子、孩子升学等都要送礼，造成消费浪费越来越严重，不仅在一程度上影响了一些人消费能力的提升，也影响着低碳消费文化的形成。

（二）建设低碳消费文化的社会经济基础薄弱

目前我国建设低碳消费文化的社会经济基础薄弱，也在一定程度上制约着低碳消费文化的形成和发展，主要表现在以下三个方面。

1. 法律制度不健全

法律制度是文化理念落地的重要保障。在低碳消费文化建设初期，法律制度是关键性保证措施，能够使社会所倡导的低碳消费价值观念和行为方式法制化，保证低碳消费文化的形成和巩固，而目前我国关于低碳消费不仅相应的法律法规不健全，也缺乏科学的奖惩机制，更没有形成与低碳经济和低碳消费相适应的生产、运输和营销等体制，制约着低碳消费文化的形成。

2. 经济基础薄弱

低碳消费文化的形成需要相应的经济基础作为保障，而我国建设低碳消费文化的经济基础薄弱，也在一定程度上影响低碳消费文化的形成，一是城乡居民的收入水平差距大，低收入群体规模大，而低碳、生态消费品的价格又往往高于非低碳产品，这从根本上影响低碳消费文化的形成和发展；二是低碳消费品供应不足，消费结构变动受制于产业结构，只有市场上低碳、生态消费品（包括服务）供给充足时，消费者才会按低碳化要求进行消费选择，而当前我国低碳消费品供应不足；三是低碳经济的快速发展是低碳消费文化形成的基础，目前低碳经济发展的尚处于起步阶段，从根本上影响着低碳消费文化的形成和发展。

3. 低碳消费意识淡薄

消费意识是影响消费者行为的重要因素，是消费文化的重要组成部分。当前我国居民低碳消费意识淡薄也影响和制约着低碳消费文化的形成和发展，如消费者生态环保观念普遍不强、多数的农民不知道什么是低碳消费等。

（三）低碳消费文化形成的氛围营造尚处于初级阶段

低碳消费文化的形成和发展是长期、系统工程，不仅需要经济环境、制度环境、法律环境、文化环境，还要需要培育消费者主体的低碳消费意识。低碳消费文化建设应同法制文化、企业文化、社区文化、机关文化、村屯文化等建设接轨，全社会形成合力，才能推动低碳消费文化的快速形成，而当前我国不仅校园文化建设中缺乏对低碳文化的宣传教育，企业在文化建设中对低碳消费文化的考虑也很不到位，机关文化、村屯文化、社区文化建设中对低碳文化的宣传和教育都处于探索阶段，这些因素都在一定程度上影响着我国低碳消费文化的形成。

三、我国低碳消费文化建设路径探析

（一）低碳消费文化与低碳经济可持续发展模型

倡导低碳消费，使全社会对低碳、绿色、环保达成共识，逐步改变人们的非低碳消费模式，推动经济结构和产业结构的转型，拉动我国低碳经济快速、科学发展，进而促进我国经济发展方式的转变，这需要在全社会范围内努力营造浓厚的低碳文化氛围，需要重塑当前中国消费文化的核心价值，重塑消费伦理、消费评价准则。为实现上述目标，需要把低碳消费文化建设融入法制文化、企业文化、校园文化、机关文化、村屯文化等文化建设中，其中政府、企业、学校、机关、社区等低碳文化建设主体应明确各自的定位，发挥各自的职能，宣传和培育低碳文化，使全民树立以最少的碳排放量实现最大的社会、经济、环境效益的低碳消费意识。低碳消费文化与低碳经济可持续发展模型能够在一定程度上表明低碳经济、低碳消费模式、低碳消费文化三者间相互影响、相互制约关系，见图1。

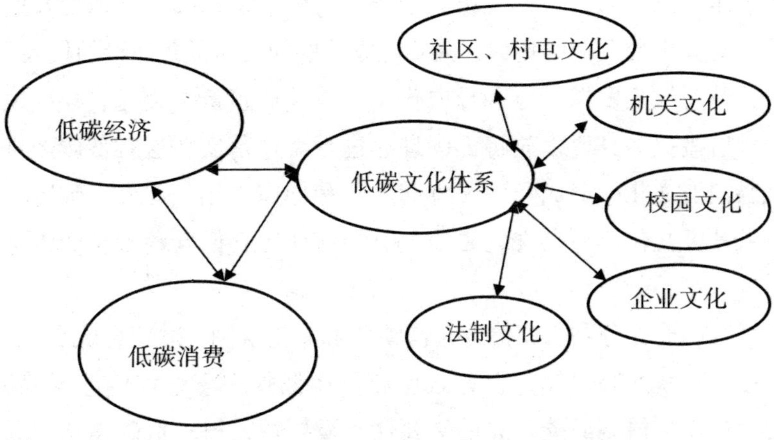

图1　低碳消费文化与低碳经济可持续发展模型

（二）低碳消费文化形成路径

由上面模型可以看出低碳经济是低碳消费模式、低碳消费文化形成和发展的经济基础，三者之间相互制约、相互影响，低碳文化体系的形成需要全社会的共同努力，其中以政府、企业、学校为建设的主导力量。

1. 以政府为主导把低碳消费文化融入法律、制度、机关、村屯等文化建设中

政府应当在建设低碳消费文化中发挥主导作用，进行系统的规划，努力营造一个浓厚的低碳文化氛围，可以从以下几个方面入手：

首先，健全和完善与低碳消费相适应的法律文化。政府应健全和完善刺激低碳消费的相关法律法规，为低碳经济、低碳消费和低碳消费文化的形成提供法律保障。虽然近年来出台了一些法律，对提高能源利用效率、节约能源资源、控制碳排放等提供了一定保障，但从总体上看，还缺乏必要的技术法规。因此，应该借鉴国外经验，结合中国实际情况，运用相关环境和资源保护的法律、法规，对消费者的思想和行为等进行规范和约束，从而推动低碳经济、低碳消费、低碳消费文化的形成和发展。

其次，健全和完善与低碳消费、低碳经济相适应的规章制度。政府应健全和完善刺激低碳消费、低碳经济的相关规章制度为低碳消费模式的形成和发展提供制度和物质保障。如建立企业准入制度，限制高碳产业的市场准入；改革现行税制，采用征收能源税、财政补贴、税收减免等制度刺激有关机构和企业增加对低碳生产的投入，扩大市场低碳产品的供应量；改革对地方政府的绩效评比制度，在其中加入低碳指标，激励地方政府加大对低碳建设的投入，等等。

再次，政府机关发挥示范和导向作用，建设低碳机关文化、社区文化、村屯文化。政府机关本身要率先将低碳理念进行具体落实，这对低碳经济、低碳消费和低碳消费文化的形成和发展将起示范和导向作用。此外，政府还要把低碳文化融入社区文化、村屯文化之中，引导群众树立低碳消费、低碳生产光荣的意识。

最后，政府要充分利用媒体营造低碳消费文化氛围。政府应充分利用电视、报刊、广播、互联网等媒体，大力弘扬和传播低碳理念，宣传低碳典型事迹，使广大群众认识到树立低碳理念的必要性和重要性，树立低碳消费、低碳生产光荣的意识，使低碳消费、低碳生产在中国蔚然成风。

2. 以企业为主体把低碳文化融入企业文化建设中

企业在推行低碳消费中起重要作用，企业既是碳排放的重要主体，又是低碳产品供给的重要主体，我国低碳消费文化的形成还有赖于把低碳文化融入企业文化建设中，把低碳文化作为企业文化建设的指导思想。

首先，企业要树立低碳生产理念。一要强化清洁生产，产品在生产过程中尽可能减少对环境的污染和资源的浪费，产品在使用过程中以及使用过程后均不存在危害人体健康和生态环境的因素；二要尽量减少碳排放、节约使用能源，树立“资源有限、节能无限”的理念；三要在技术上不断创新，不断降低能源消耗和碳排放。

其次，企业要树立低碳营销理念。企业应树立低碳营销理念，实施低碳营销战略，在营销过程中以“低碳理念”为指导，即使企业的营销行为符合消费者需要，又能通过公关活动向公众传达企业的低碳信息，树立低碳企业形象。

再次，企业要树立低碳社会责任意识。企业不仅是一种经济组织，还是一种社会组织，不能以追求利益最大化作为唯一目标，还应承担相应的社会责任，节能减排、保护环境是现代企业应承担的社会责任之一，因此企业要树立低碳社会责任意识，在低碳经济、低碳消费发展中发挥应承担的社会责任。

3. 以学校为主体把低碳文化融入校园文化建设中

低碳消费文化的形成和发展离不开教育，低碳教育是低碳经济、低碳消费的先行者，因此发展低碳经济、倡导低碳生活、形成低碳文化，还有赖于学校把低碳文化融入到校园文化建设中。不仅要把低碳消费文化融入高校校园文化建设中，还要融入中小学校园文化建设中。中小学校应该发挥低碳教育的基础作用，普及低碳消费知识，传递低碳文化，使中国人从小就树立节约资源、保护环境光荣的消费意识。充分发挥高校在低碳经济、低碳消费和低碳文化建设中的积极作用，使高校成为低碳文化的智力和人才支柱。大学往往引领着时代的潮流，在高校培育低碳文化对全社会起到示范作用，对全社会的低碳文化的培育起到积极的推动作用。

四、结论

低碳消费文化的形成和发展需要全社会共同努力，在全社会范围内形成浓厚的低碳文化氛围，全社会形成合力，加快我国低碳消费文化的形成和发展，从而引导全国居民低碳消费，扩大低碳消费需求，进而拉动低碳经济的发展，推动中国经济发展方式的科学转型。

参考文献

[1] （清）王先谦撰，沈啸寰等点校．荀子集解［M］．北京：中华书局，1988：177，237.

[2] 孙延红．低碳经济时代对低碳消费模式的新探索［J］．山西财经大学学报，2010（2）：63－64.

[3] 王淑新，何元庆，王学定等．低碳经济时代中国消费模式的转型［J］．软科学，2010（7）：54－57.

[4] 房尚文．低碳时代的消费模式选择［J］．甘肃社会科学，2010（5）：214－218.

（发表于《现代经济探讨探讨》2011 年第 8 期）

我国低碳城市文化支撑体系构建的反思

——基于十大低碳城市考察

城市是我国经济、政治和居民生活的中心，贡献了全球 GDP 的 80% 左右，但其温室气体排放量也占了全球总排放量的 80% 左右。随着城市化发展进程的加快，我国温室气体排放量还将进一步增加。创建低碳城市是我国实现生态文明、美丽中国目标的重要着力点，而建设低碳城市不仅需要能源、经济、技术等的支持，更需要社会文化的支撑。本文以 2011 年经济日报社、国家发改委等国家部委评选出的十大低碳城市为中心，对我国低碳城市文化支撑体系建设状况进行反思。

一、我国当前低碳城市评选体系中的文化指向分析

低碳城市建设的目标和评价体系是创建低碳城市的指南，下面主要从 2011 年底经济日报社、国家发改委等国家部委评选十大低碳城市的指标体系，来分析当前我国低碳城市评价体系中的文化指向。

（一）我国低碳城市建设目标分析

创建低碳城市需由点到面逐步推进，首先要选拔一批城市作为试点，然后在试点的基础上逐步推进。为此，2010 年 7 月国家发改委在《关于开展低碳省区和低碳城市试点工作的通知》中确定在厦门、天津、保定、重庆、深圳、杭州、南昌、贵阳八市开展低碳试点工作，这是我国首次明确提出开展低碳城市试点建设工作。《通知》中提出了低碳城市建设的目标和具体任务。

低碳城市建设目标分近期、中期和远期目标，近期目标为：实现低碳技术快速或者跨越式发展，温室气体排放显著降低和可控；中长期目标为：以低碳

技术为核心的产业结构转型促成经济结构调整，使经济的发展与碳排放脱钩，形成低碳生活和低碳消费的社会风尚；远期目标为：资源综合利用程度较高，环境保护成为社会常态，最终达到人与自然和谐共存和永续发展。低碳试点城市建设的具体任务：编制低碳发展规划；制定支持低碳绿色发展的配套政策；加快建立以低碳排放为特征的产业体系；建立温室气体排放数据统计和管理体系；积极倡导低碳绿色生活方式和消费模式。① 由上述我们可以看出，试点城市要实现国家规定的低碳建设目标和任务，不仅需要构建低碳产业体系、加大低碳技术的研发投入与利用、增强碳汇能力、改进能源和交通等设施，还必须重视低碳软环境建设，社会各阶层对低碳理念的认同度，社会低碳文化氛围是否形成等均影响低碳城市建设目标和任务的实现。

（二）国家部委评选十大低碳城市指标中的文化指向分析

低碳问题是当前的热点问题，各地一方面是为了落实国家低碳环保法律、法规及相关政策，另一方面力争在全球经济低碳化转型中抓住战略机遇，纷纷提出创建低碳城市的发展目标，据统计截至 2012 年 2 月我国已有 200 多座城市提出了建设低碳城市的目标。② 在低碳城市建设热潮中，存在着良莠不齐现象，学者们和相关部门都试图构建一个科学、合理的评价标准体系来引导和规范我国低碳城市的建设工作。2011 年年底由经济日报社、发改委、工信部等国家部委开展了评选“中国十大低碳城市”活动，期望为我国低碳城市建设树立一批标杆城市，该活动的评价体系和评出的十大城市见表 1。

① 国家发展改革委关于开展低碳省区和低碳城市试点工作的通知［EB/OL］. http://www.sdpc.gov.cn/zcfb/zcfbtz/2010tz/t20100810_365264.htm.

② 低碳城市评价结果出炉［N］. 中国环境报，2012-02-02.

表1 2011年评选十大低碳城市的指标体系

城市	低碳能源		低碳经济		低碳环境		低碳社会		低碳技术		低碳城市综合发展
	煤炭占能源消费总量比重	人均碳排放量吨/人	万元GDP的CO_2排放量（吨万元）	第三产业增加值比重	森林覆盖率	空气质量达到二级以上的天数	市辖区万人公共汽车拥有量	每百人私家车拥有量	R&D占GDP比重	万人科技人员数量	
贵阳	80.51	10.00	4.08	54.2	41.78	347	11.57	6.93	1.38	17.25	0.456
杭州	48.92	11.78	1.85	49.33	64.00	327	18.8	9.02	2.74	68.67	0.634
南昌	58.64	1.5	0.38	38.59	16.1	347	11.71	6.02	2.06	38.72	0.616
无锡	54.80	15.84	1.97	41.3	26.2	341	12.53	6.48	2.36	73.37	0.588
南宁	56.65	1.38	0.59	51.48	43.65	362	10.02	3.31	0.97	17.51	0.622
长春	64.56	3.27	0.88	41.49	15.5	340	12.2	5.25	2.48	38.85	0.563
三亚	14.56	4.65	1.56	61.87	68.00	365	7.36	9.22	0.60	44.71	0.659
大连	54.40	6.90	0.98	43.89	41.5	359	15.6	7.18	1.37	30.2	0.629
厦门	52.79	8.82	1.28	51.56	42.8	361	17.63	7.74	2.02	65.28	0.633
保定	65.52	1.11	0.7	34.29	19.27	331	19.91	4.54	0.46	2.92	0.575

资料来源：根据2012年2—3月《经济日报》十大低碳城市系列报道编制。

从表1我们可以看出，该评价标准体系由五个基本标准构成，每个基本标准下又各设两个导向性指标。能源消费结构影响甚至决定着温室气体排放量，建设低碳城市首先要实现能源消费结构低碳化转型，该评价体系以煤炭占能源消费总量比重、人均碳排放量为两个导向性指标，来衡量城市发展过程中能源消耗和低碳能源发展水平。发展低碳经济和构建低碳产业体系是建设低碳城市的基本保障。第三产业发展水平是衡量一个国家或地区低碳社会发展水平的一个基本指标，该评价体系以万元GDP的CO_2排放量和第三产业增加值来衡量参加评比城市低碳经济发展水平。碳汇能力、低碳教育科技投入、交通和消费低碳化基础设施等状况，均影响城市温室气体排放量，该评价体系以城市森林覆盖率和空气质量达到二级以上的天数、市辖区万人公共汽车拥有量和每百人私家车拥有量四指标，来衡量低碳环境、低碳交通等发展水平；以R&D占GDP比重和万人科技人员数量两个指标，来衡量低碳技术和低碳文化教育发展水平。

纵观该评价体系中低碳文化的指向性，存在以下明显不足：一是指标体系过于笼统，难以体现低碳城市文化软实力建设的情况；二是从现实来看，南昌、保定、贵阳、厦门等市在低碳理念宣传和普及低碳知识方面取得了一定成绩，该指标也未能体现出来；三是低碳试点城市无论选择什么样的发展路径，都需要制度环境的配套与政策工具的推动以及公众低碳意识的提高和支持，该体系也未能体现出来。

二、十大低碳城市文化支撑体系建设现状分析

构建低碳城市文化支撑体系的三大基本主体是政府、学校和企业，其中政府起主导作用，本文以三大主体开展的低碳文化活动为中心对十大低碳城市文化支撑体系建设情况进行分析。

（一）以政府为主导的低碳文化建设

政府不仅是建设低碳城市文化支撑体系的主体，且是重要责任人，在低碳城市文化支撑体系构建中起主导作用。十大低碳城市政府在低碳文化建设方面取得了系列成绩，可归纳为以下四点。

1. 探索制定低碳环保相关法规

厦门、天津、贵阳等城市在国家生态环保相关法律法规的基础上，探索制定与本市相适应的地方性法规。从2002年开始，厦门市先后出台了资源综合利用认定管理、创建节水型城市、建设节约型城市、应对气候变化、节约能源等方面的政策法规，从法律层面上强制政府、企业、公众践行低碳环保理念。贵阳市建立了中国第一个环保法庭，出台了我国第一部生态文明建设方面的地区性法规。杭州市为实现“空气优良天数明显增加，雾霾天气减少，区域环境空气质量明显改善”的目标，2012年12月出台了《杭州市大气复合污染防治实施方案》。自2012年7月1日起《天津市建筑节约能源条例》正式施行。总之，天津、厦门等城市出台的节能减排、推动生态文明建设方面的地方性法规，不仅对这些城市政府、企业和大众行为具有约束作用，且为其他城市生态、低碳立法提供了经验和借鉴。

2. 探索制定并落实低碳环保政策

文化是制度之母，但文化落地需要制度的保证及政策工具的推动。南昌、保定、厦门等城市政府为使低碳生态理念在城市各项工作中得以贯彻，非常重视生态低碳制度的建设和政策的创新。低碳城市建设需要科学的发展规划作为指导，十大低碳城市均已编制了低碳城市建设规划。南昌、厦门、大连等尝试

推行企业清洁生产审核、低碳财政补贴、税收减免、低碳管理和企业准入等制度，如南昌市已经建立了温室气体排放数据统计和管理体系，开展绿色政绩考核试点；《厦门市环境保护条例》为禁止高污染企业准入提供了法律保证；南宁市开始推行清洁生产审核制度等。

3. 把低碳理念融入机关、社区文化建设中

在社会低碳文化氛围的形成过程中，政府机关应发挥示范和导向作用。杭州等市将低碳文化融入机关、社区等文化建设中，引导大众树立低碳消费、低碳生产光荣的意识。为把低碳理念融入社区文化建设中，杭州、保定、南宁、厦门等市均在开展低碳社区创建活动。以杭州为例，2010 年 5 月 21 日下城区低碳社区试点工作启动，下城区建立了“政府推动、社区主体、部门联动、全民参与”工作机制，制定了低碳社区、低碳家庭考核标准，安排试点专项经费。为配合该项活动下城区组织编印了《下城区家庭节能妙招》3.5 万册、低碳科普知识书籍 1 万册、低碳知识扑克牌 1 万副发放给居民。① 其他城市也积极开展创建低碳社区活动，如 2010 年 10 月河北保定市评出首批 15 个低碳示范社区（小区）。贵阳首个低碳社区试点——碧水人家小区开展活动 1 年，减少 CO_2 约 173 吨。② 南宁市通过开展节能宣传周、低碳生活进社区、企业职工节能减排义务监督员等活动，探索融低碳文化于机关、社区等文化中的新路径。

4. 创新低碳宣传教育形式

十大低碳城市政府积极创新低碳宣传教育形式，利用电视、报刊、广播、互联网等媒体，印制大量的低碳知识手册，普及低碳知识，传播低碳理念。天津等城市还开展了对公务员等低碳知识培训活动，且为此立法，其《环境教育条例》要求公务员主管部门应当把环境教育列入公务员培训内容，组织对公务员进行环境教育培训和考核。对国家机关、事业单位对本单位干部职工进行环境教育的次数、时间和受教育面都进行了具体规定，要求各级人民政府要把环境教育纳入经济和社会发展规划中，环境教育要列入各区（县）、各单位及其负责人工作目标管理考核中。

---

① “低碳”品质社区 力量在于百姓——浙江省杭州市下城区低碳社区建设创新工作纪实［N］. 大众科技报，2012-05-31.

② 贵阳首个低碳社区实验点一岁了［N］. 黔中早报，2012-08-21.

（二）以学校为中心的低碳环境教育

十大低碳城市的学校和政府在环境教育方面也做出了一定努力，取得的主要成绩可以归纳为以下四点：

1. 以中、小学生和幼儿为对象的低碳环境基础教育得到了初步发展

十大低碳城市以创建绿色学校为杠杆，推动中、小学和幼儿低碳环境基础教育的发展。绿色学校是在1996年12月国家环境保护局、中共中央宣传部、国家教育委员联合发布的《全国环境宣传教育行动纲要（1996—2010年）》中提出的。保定等城市以上述《纲要》为依据，以创建绿色学校为平台，推动基础环境教育的发展。保定1999年就开始了创建绿色学校活动，2003年至今厦门市已评出了121所市级绿色学校，贵阳、深圳、大连、长春、无锡、杭州、南宁也积极开展创建绿色学校活动。低碳试点城市还组织编写了生态环保教材，对教师进行低碳知识培训等。如南昌市编写了针对中小学生的低碳知识读本，贵阳编写了小学、初中、高中不同版本的《贵阳市生态文明城市建设读本》。保定市通过开展“二十行动中小学节能教育试点项目”对二十余所中小学及教育科研院所的三十多名教师进行了培训。

2. 完善环境教育立法、执法

尽管自20世纪70年代以来，我国已开始了环境教育的尝试，但效果与预期还有相当距离。天津、贵阳、厦门等积极探索为环境教育立法，天津2011年编制了《环境教育条例》，以条例形式对政府机关、学校、企业等开展环境教育进行约束和引导。贵阳把环境教育纳入《贵阳市促进生态文明建设条例》中，要求“机关、团体、企业事业组织，应当定期组织国家工作人员、单位员工进行生态文明学习培训；学校、托幼机构应当结合实施素质教育，设置符合受教育对象特点的生态文明教育课程，开展儿童、青少年的生态文明养成教育”。厦门自创建低碳城市开始就在积极探索环境教育立法工作。

3. 以大学为中心的低碳教育快速发展

大学是文化知识创新与传播及人才培育的专门机构，承担着低碳知识的创新与发展、低碳技术的研发以及低碳理念的传播等多种功能，大学在低碳教育方面取得的成绩主要有以下几点：多元化低碳教育模式已经初步形成，目前我国大多数高校均已开始了把低碳理念融入教育体系中的探索，采取多种形式进行低碳教育工作，如南开大学开办“资源循环科学与工程”本科专业，绝大多

数高校均采取多种形式来传播低碳理念和低碳知识。

4. 开展形式多样的低碳教育

各类学校立足资源禀赋优势，开展形式多样的低碳环保教育活动。十大低碳城市的高校基本都有倡导低碳生活的社团，各城市的团委也通过多种形式推动学生环保教育的开展，如保定市少工委要求本市各基层少先队根据自身实际情况开展环保教育活动，如升旗仪式上宣读“绿色宣言”倡议书，开展“美化校园、净化校园”等活动。

(三) 以企业为主的低碳文化建设

企业既是城市碳排放的重要主体，也是低碳城市文化体系建设的重要主体，十大低碳城市企业低碳文化建设可以归纳为以下几点。

1. 颁布条例，要求企业对员工进行环境知识培训

天津市的《环境教育条例》中规定企业每年开展环境教育活动不少于1次，环境专题教育时间不少于2小时；化工、石油、造纸、钢铁等高耗能、高污染企业以及新建项目企业的负责人、环保管理人员和环保设施的操作人员，都要进行环境教育培训，且时间不少于8小时。被依法查处的有环境违法行为的企业负责人及相关责任人，要接受不少于24个小时环境教育培训，还要求各级组织、人事部门将环境教育纳入新任领导干部的任前培训工作中。

2. 企业开展低碳知识培训

企业对职工进行低碳知识培训是低碳教育的重要组成部分。在十大低碳城市中有些城市很重视这一环节，如厦门以“低碳让城市更宜居”为主题的第八届厦门人居展活动，为该企业员工、市民普及相关低碳知识。

3. 把低碳理念融入企业生产、营销等中

保定等十大低碳城市把节能减排、低碳环保理念融入企业的生产、营销中，尽可能减少对环境的污染，在技术上不断创新，不断降低能源消耗和碳排放；企业纷纷实施低碳营销战略，主动承担节源减排、保护环境社会责任，使这些城市人均碳排放量逐年降低。

(四) 十大低碳城市低碳文化支撑体系建设中存在的主要问题

十大低碳城市在文化支撑体系建设方面虽取得了一定成绩，但因处于起步阶段难免存在这样那样的问题，主要问题可归纳为以下几点：一是低碳环境教育立法滞后、执法力量过弱。低碳环境教育法规是各部门传播低碳理念和普及

低碳知识的保证，但目前只有天津、贵阳、厦门开始了立法探索。环境教育法规不健全，执行力量过弱，影响低碳文化的传播和发展。二是低碳文化发展的保障体系尚未建立起来，普遍存在师资、教材缺乏，仅有南昌、贵阳编写相关教材；政府投入不足，文化建设体系不规范、不系统，随意性强等问题突出。三是与低碳城市文化发展相关的奖惩机制和评价考核机制尚未形成，也不利于低碳社会文化氛围的形成。四是低碳环境教育发展不平衡，目前以学校为中心的低碳环境教育已取得了显著成绩，但与整个社会低碳文化环境未形成之间的冲突非常明显，影响着学校低碳环境教育的效果；社会环境教育和企业环境教育虽也取得了一定成绩，但受教育对象的分散性、受教育程度差异大等因素影响，难以达到预期效果，也不利于低碳社会文化环境的形成。

三、低碳城市完善文化支撑体系的建议

我国低碳试点城市各项工作均已逐步开展，文化软实力的制约作用越发凸显，如何推动政府机关、企业、大众认同并践行低碳理念，推动社会低碳文化氛围的形成已成为必须破解的难题。针对当前我国低碳城市文化建设中存在的主要问题，提出以下几条建议。

（一）以政府为主导完善低碳文化保障体系

政府在低碳文化支撑体系建设起主导作用，为提高社会大众低碳意识、决策者低碳管理水平和低碳社会文化氛围的形成，建立和完善保障体系。

1. 加强低碳文化教育立法

提高社会低碳意识和决策者低碳管理水平需要法律作为保障，用法律手段强制政府、企业、居民学习低碳知识，践行低碳理念。目前我国已出台了一批环境保护、清洁生产、发展循环经济等方面的法律法规，但有关低碳文化教育方面的法规很少，为此建议强化低碳环境教育立法，用法律手段推动政府、企业、学校等部门重视低碳文化宣传和普及低碳知识工作。

2. 低碳文化教育要作为评价城市发展水平的重要指标

低碳试点城市应在借鉴国内外低碳评价指标体系优长的基础上，完善评价体系，低碳文化教育要作为评价低碳城市的重要指标。建议在 2011 年评选十大低碳城市指标体系的基础上，单列低碳文化教育标准，下设媒体传播指标、学校教育指标、社会和企业宣传和教育等具体指标。

3. 创建低碳政府

政府要在低碳城市文化氛围形成中发挥示范和导向作用，重视低碳政府的创建工作。低碳政府应包括四个方面内容：政府要具有低碳发展理念，以促进发展城市生态文明建设作为政府的基本职能；不断提供生态文明、低碳社会建设需要的制度保障，提高政府低碳管理水平和服务能力；各项事务管理中贯彻生态、低碳理念；坚持学习国内外最新的生态、低碳理念和低碳知识，并能将其逐步贯彻到城市建设的各项工作中。

4. 立足资源禀赋优势，构建低碳文化保障体系

低碳文化建设不仅需要政府从战略层面上重视，更需要深入到社区、机关、企业等各层面的建设中，还需要低碳城市文化建设的各个主体，进行认真策划、合理定位，还有从物质、制度、观念、行为四个方面构建低碳文化保障体系，以确保低碳、生态理念得以贯彻和落实。

（二）完善低碳环境教育体系建设

针对我国低碳城市低碳环境教育中存在的突出问题，建议从以下几点入手进行改进。

1. 进一步强化低碳环境基础教育

虽然低碳环境基础教育取得了一定成绩，但很多地方需要健全和完善，建议从以下几方面着手：一是把低碳理念融入校园文化建设，校园文化要体现低碳精神；二是完善低碳环境教育评价和考核机制，以此规范和引导以中、小学和幼儿园为主体低碳教育的发展；三是以低碳理念完善教育教学体系，改革教学形式和方法；四是以低碳理念构建教育教学保障体系，不仅要在教学楼、实践实习基地、各类活动场馆、宿舍楼、食堂等中体现低碳、生态理念，推行低碳办公、低碳管理等；五是引导教师等积极参与低碳相关的科研活动，进而推动低碳教育的发展。

2. 着力推动低碳社会、家庭教育发展

学校低碳环境教育需要社会教育、家庭教育相配合，这一点我们可以借鉴日本经验。日本的低碳环境教育体系包括学校、家庭和社会教育三个部分，学校、家庭、社会三管齐下的高强度、持续低碳环境教育，使低碳碳观念已深入绝大多数日本人的内心。

3. 充分发挥大学低碳文化引领作用

大学是文化知识传承和创新的高地，低碳人才培养的主要机构，要充分发挥大学在低碳文化传播和知识创新中的引领作用，为我国生态文明、低碳社会建设提供智力、先进文化、低碳专门人才供给等保障。

（三）以企业为中心，强化企业低碳文化建设

企业是实现低碳经济发展的重要主体，在城市低碳化过程中具有重要作用，针对目前低碳城市企业低碳文化建设中存在的主要问题，提出几点改进建议。

1. 把低碳理念融入企业文化体系中

企业文化是企业的灵魂，企业应把低碳理念融入企业文化建设中，以低碳理念为指导，树立节能减排社会责任意识、绿色增长目标，实行清洁生产，树立绿色低碳企业形象。

2. 加强对职工低碳知识培训

企业要对员工进行低碳知识培训，提高职工低碳意识，践行低碳理念的能力。企业对职工进行低碳培训要注意以下几点：一是低碳知识普及、低碳价值观的形成，企业领导要积极倡导和身体力行；二是健全低碳企业文化学习和考核机制；三是对职工低碳环保教育需要持续推进。

3. 建立低碳绩效考核机制

低碳考核机制是企业推进低碳文化落地的重要保证。企业在构建低碳考核机制中应注意以下几点：一是绩效目标设定时要加大节能减排指标权重；二是要坚持动态低碳绩效管理，优化相关流程；三是不断完善低碳考核评价指标体系。

（发表于《洛阳师范学院学报》2014 年第 1 期）

河南创业文化建设与中原文化的融合探析

创新创业日益成为一个国家或地区经济发展的重要驱动力，鼓励创新创业已成为包括我国在内很多国家的发展战略。“大众创业、万众创新力争走在全国前列”是河南省“十三五”期间的重要发展目标。创新创业活动的开展关键在人，而文化深刻影响着人的思维方式和价值取向，国内外很多学者都认为美国活跃的创新创业背后是文化的作用，如2015年博鳌亚洲论坛年会上牛津大学赛德商学院院长彼特·图法诺指出“创业在美国社会已经变成一种文化”，他还提出在推动形成大众创业的社会环境方面政府有很大作为空间，即“要形成社会创业氛围，就要培养年轻人乐于创业的思维”①；国内学者牛长松也提出“文化是解释美国高创业率的重要因素”②。区域文化对创业文化的形成与发展产生着重要影响，就河南省而言，中原文化对创业文化建设是积极与消极影响共存的，在当前大力推进“大众创业、万众创新”、营造创业文化环境背景下，对中原文化如何融入创业文化建设进行研究具有现实意义。

一、创业文化的特征与功能

当前学术界就创业文化含义的界定尚未有一致观点，学者邓建生认为创业文化是指敢于开创事业的思想意识以及相应的价值观念和鼓励创业的社会心理之总和③；学者辜胜阻、李俊杰认为是指在创业活动过程中形成的思想意识、

---

① 胡泽曦．大众创业可以成为一种文化［N］．人民日报，2015-03-28（05）．

② 牛长松．英国高校创业教育研究［M］．北京：学林出版社，2009：135.

③ 邓建生．创业文化与中国大学的时代使命［J］．高等教育研究，2000（6）：22.

价值标准、基本信念、行为模式和制度法规的总和①；曹威麟等学者认为是指人们在创业活动过程中普遍表现出来的思想意识、价值观念、基本态度、行为方式及其相应成果的总和②。总之，国内学者普遍认为创业文化的核心是一种社会共有的价值观念、思想意识。创业文化具有以下基本特征和功能。

（一）创业文化的基本特征

一是民族性与区域性。创业文化植根于民族文化、区域文化土壤之中，具有鲜明的民族文化、区域文化特色。从事创新创业的个人或团体是处在特定国家、特定区域的，长期受本民族、所在区域文化的熏染，民族文化、区域文化对他们影响至深，影响着他们的思维模式和价值判断。美国能最早跃入创业型经济发展阶段与其较早形成宽容失败、崇尚冒险等社会文化环境密切相关，其创新创业活动最为活跃的区域是创业文化最为成熟的地区——硅谷。“学而优则仕”“重仕轻商”“求稳怕变”等传统文化理念至今仍影响着某些中国人的思想方式和行为选择，对中原地区影响尤深。

二是多元性与复杂性。创业文化的多元性与复杂性是影响创新创业活动因素的广泛性、多样性的体现。影响创业文化形成的因素非常广泛，主要包括自然、社会环境两大方面。自然环境方面包括自然环境、地理位置、教育水平等，自然环境因素的优劣影响着创业主体的思维方式与行为选择，甚至影响到创业的成败，但对创业成败起决定作用的是社会环境因素。社会环境因素包含内容具有多样性、复杂性特征，有历史的、现实的，有政治的、文化的、经济的，也有物质的、精神的因素。凡是与创业主体的生产、生活等相关的因素都有可能影响其创新创业活动的开展，且在诸因素中，不同的人对文化选择、适应方面也有差别。

三是传承性与创新性。人类文化是在传承与创新双重张力下演绎发展起来的。创业文化作为亚文化，传承与创新也是基本特性。一个民族或区域的创业文化一旦形成便具有相对稳定性，但受经济发展等多种因素的影响，只有根据社会需求的变化不断进行改革与创新，才能保持其旺盛的生命力。

四是开放性与包容性。每一个民族、区域的文化都有其优长，只有吸纳与

---

① 辜胜阻、李俊杰．区域创业文化与发展模式比较研究——以中关村、深圳和温州为案例［J］．武汉大学学报（哲学社会科学版），2007（1）：5.

② 曹威麟等．论中国创业文化的振兴与繁荣［J］．江淮论坛，2002（5）：42.

借鉴外来文化之优长，才能使本民族、本区域文化得到更快更健康地发展。创业文化作为文化的一个子系统，开放性与包容性也是其基本特征。

（二）创业文化的基本功能

从事创新创业活动的主体归根到底是人，而激发出人的创新创业潜力，文化的力量无形胜有形。创业文化对创新创业活动的开展具有导向、同化、效益、激励等功能。

一是导向功能。创业文化的导向功能是指创业文化具有激发大众创新创业的渴望，引导更多人从事创新创业活动的功能。如果一个民族或区域的大众普遍具有创新意识、创业精神，该民族或地区创新创业活动就比较活跃，如美国的硅谷、中国的温州等。

二是同化功能。创业文化的同化功能是指创业文化潜移默化地使身处其中的个人或团体被同化，接受、认同创新创业理念，养成积极的、敢于冒险的处世态度方面的功能。

三是效益功能。创业文化是一种宝贵的社会财富。具有成熟的创业文化是解释美国具有较高创业率的关键因素。据调查英国的创业水平低于美国、加拿大、爱尔兰等国，原因也是文化，即“英国社会文化中反对冒险，人们通常的理解是可以不花任何代价地获得成功或者不惜任何代价地避免失败，因为失败将带来社会耻辱。”①

四是激励功能。创业文化的激励功能是指特定民族、区域的创业文化具有能激发大众的创新创业激情与对成功的渴望，使更多的人参与到创业活动中的功能。

二、中原文化对河南创业文化建设的影响

（一）区域文化与创业文化

所谓区域文化是指特定地域范围内的居民在从事物质财富、精神财富创造过程中形成的思想意识、价值观念、行为方式的总和。历史上，因地理位置、交通条件等的制约，区域间的经济文化交流非常有限，逐渐形成具有区域特色的价值观念、思维方式、生活方式等。不同区域文化孕育出相应的经济人格，

① 牛长松．英国高校创业教育研究［M］．北京：学林出版社，2009：137.

并逐渐形成具有地域特征的商业气质，明清时期的主要商帮就是受区域文化影响而形成的，其中最具代表性的徽商、晋商。区域文化环境对创业活动和创业精神有着重要影响，企业家的创业精神不是与生俱来的，其需要创业文化的内在支撑。区域文化是影响区域创新创业水平高低的关键因素，左右着所在区域创业型经济发展进程，即创新型区域文化能激发大众的创新创业积极性，区域内创新创业活跃，保守型区域文化制约着所在区域居民创新创业活动的开展，区域内创新创业不活跃。

（二）中原文化与河南创业文化建设

1. 中原文化中蕴含有丰富的创业精神

中原地区创业思想的产生具有悠久历史，为河南创业文化的建设奠定了坚实的文化基础。春秋末年的大商人范蠡、战国时期的大商人白圭等商业精英不仅善于经营，还善于总结成功经验，他们为我国古代商业以及商业文化的繁荣与发展做出了巨大贡献。范蠡（公元前536年—公元前448年），春秋时期楚国宛地三户（今河南淅川县滔河乡）人，著名的政治家、军事家、经济学家，“十九年之中三致千金，再分散与贫交疏昆弟。此所谓富好行其德者也。后年衰老而听子孙，子孙修业而息之，遂至巨万。故言富者皆称陶朱公。”（《史记·货值列传》）白圭，战国时期河南洛阳人，著名的理财家，司马迁称“盖天下言治生祖白圭”，《汉书》中称他是经营贸易的理论鼻祖。白圭以经营之术授徒，只收具有从事商业活动应具有的基本素质的人，“智不足与权变，勇不足以决断，仁不能以取予，强不能有所守，虽欲学吾术，终不告之矣。”白圭的商业实践和理论总结，对后世商业经济发展产生深远影响，宋景德四年真宗封他为“商圣”。此外，中原地区长期受儒家文化中“以义致利”等思想浸润，利的获得必须是合乎义的要求的，如孔子言“富而可求也，虽执鞭之士，吾亦为之。如不可求，从吾所好”①，“不义而富且贵，于我如浮云”②。理学的重要奠基者程颐也承认人类追求欲望和物质利益的正当性，说：“人无利，直是生不得，安得无利?”“利者，众人所同欲。”③ 在追求利与欲时，程颐主张不能损害他人的利益，并对为谋求私利不择手段，置道义、公利以及他人利益于不顾的行为进行严厉谴

---

① 杨伯峻．论语译注［M］．北京：中华书局，1980：69．

② 杨伯峻．论语译注［M］．北京：中华书局，1980：71．

③ （宋）程颢，程颐．二程集［M］．北京：中华书局，1981：215，917．

责，上述思想至今影响着河南人的创新创业思想和行为。

2. 中原文化中蕴含有抑制创新创业的文化因素

中原文化中也蕴含有抑制创新创业活动开展的因素，主要表现以下几个方面：一是规避风险意识强，制约着大众创新创业活动的开展。河南因长期受儒家文化的熏陶，中庸成为普遍的处世哲学，而创新创业活动要求具有较高的冒险精神。二是“学而优则仕”“重农贱商”观念影响深远。河南地处中原，土壤肥沃，适宜耕种，传统的“重农抑商”“官本位”价值观念影响一直延续至今。很多具有创新精神、创业能力的人才选择从政而不愿意从事创新创业活动，造成了企业普遍感觉创新人才不足。三是鼓励创新、宽容失败的社会文化氛围不浓厚。因创新创业是一项具有较高风险事业，失败是常态，中原地区长期“成者为王败者寇”观念的影响，对创新创业主体失败的宽容与包容不足，这是很多人害怕冒险、害怕失败的重要思想根源。四是重人情轻规则。创新创业活动的开展须有一套合理的规则、信用体系来保障。河南长期深受封建专制思想和人治理念的影响，人们的规则意识普遍不高，人情观渗透到生活的方方面面。五是安贫乐道、求稳怕变观念影响至今。中原地区长期的农业传统、自然经济和社会环境，安贫乐道、求稳怕变求是很多人的心态，制约着企业家人格的培育，也不利于创新思维的培养。

河南的创新创业水平远远落在浙江等省后面，造成这种局面的因素是多方面的，其中中原文化的制约是关键因素之一。1952 年河南 GDP 是浙江的 1.47 倍，改革开放以来，河南与浙江的差距逐渐拉大，1992 年以来浙江省“私营企业家户数”一直是河南的 2 倍以上，有些年份是河南的 4 倍多①。尽管受“双创”政策影响，河南创新创业环境得到很大改善，2015 年企业 500 强，河南省 10 家企业上榜，而浙江 48 家企业上榜。② 胡润研究院发布《2015 胡润浙江地区财富报告》，浙江每 380 人中有 1 人是千万富豪，每 6200 人中有 1 人是亿万富豪。浙江 600 万资产富裕人士已达到 41 万人，占全国的 13%；千万资产富裕人士 14.6 万人，占全国的 12%；亿万资产富裕人士 8790 人，占全国的 11%；5

① 张佑林，赵会会．豫浙文化差异对区域经济发展影响之比较研究［J］．经济论坛，2010（3）．

② 刘沁玲，陈文华．创新与创业管理［M］．北京：清华大学出版社，2016：24.

亿资产以上的超高净值人士 2004 人，占全国 11.8%。① 为深入了解中原文化对河南创新创业活动的影响，笔者 2016 年 11 月 1—7 日对洛阳师范学院大三、大四的学生采取网上 + 线下抽样相结合形式进行调研，学生选自商学院、政法与公共管理学院、文学院、外国语学院、历史文化学院、物理学院、数学学院、生命与科学学院、电子商务学院 9 个学院，其中 5 个文科学院、4 个理科学院，学院分布基本合理，纸质问卷发放 800 份，回收有效问卷 750；还受到 250 份电子问卷，也比较合理。被调研的同学有 21.3% 的明确表示不会选择自主创业，原因是希望获得稳定的工作，将参加公务员、招教、考研等考试；不愿意创业的同学，理由还有“失败的后果难以承担”“对创业不感兴趣”“家庭不支持”“存在着较重的心理负担”“经验不足”“较弱的资金支持”等。9% 同学明确选择自主创业，且全为男生，半数以上选择创业的同学是因为“严峻的就业压力的影响”，其他愿意创业的原因还有很多，如“冒险尝试心理的鼓舞”“创业收入丰厚的刺激”等，也有少数同学是受家庭的影响，这些同学父母基本上都受过高等教育，对创业持支持和鼓励态度。可见“求稳怕变”“官本位”等区域文化观念仍然影响着部分河南大学生的思想和行为选择。

三、把中原文化融入河南创业文化建设的若干建议

中原文化是在几千年的发展过程中积淀形成的，始终影响甚至左右着河南创新创业活动发展的进程。河南创业文化建设要置于中原文化中，立足于中原文化优势，营造出一个鼓励创新、冒险、自强不息、容忍失败的创新创业文化氛围。

（一）立足于中原文化培育创业文化

中原文化中有很多合理的因素，把文化中的精华融入河南创业文化建设中，用先进文化改造传统文化中不利于创新创业的因素：一是变安贫乐道为创业求富。通过创新创业教育，政府倡导、宣传教育引导河南人树立致富光荣、创业光荣观念，在遵守法律和道德规范的前提下鼓励冒险，支持创新创业。二是变守稳为开拓。受中原传统文化影响，河南很多人形成随遇而安的心理定式，平平稳稳过日子是很多人的追求，培育创新创业文化，就要引导人们树立敢冒风险、开拓创新观念。三是变保守为争先。“枪打出头鸟”“出头的椽子先烂”等

---

① 浙江每 380 人有 1 人是千万富翁 41 万人资产达 600 万 [N]. 扬子晚报，2015-07-27.

观念在河南仍有一定市场，每逢重大决策、重要抉择，总习惯于左顾右盼、犹豫不决，以至于错失许多发展良机。培育创新创业文化，要引导大众思想解放，大胆探索和尝试，营造争当出头鸟、敢为天下先的文化氛围。

（二）把中原文化融入创业教育

创业教育在培养创新精神、营造创新文化环境、提高创业意识、传授创业与创新技能等方面具有不可替代的作用，加强创业教育成为当前国内外教育的基本发展趋势。美国、英国等一批国家已形成涵盖从初中、高中、大学本科到研究生的一整套创业教育体系。河南要实现“大众创业、万众创新力争走在全国前列”的发展目标，形成浓郁的创业文化氛围，加强创业教育势在必行。据笔者对洛阳师范学院的调研，商学院学生选择自主创业的比率高于其他学院，这与商学院重视创新创业教育等课程开设有密切联系。河南在开展创业教育时要立足中原文化的优势，一方面将古代优秀商业文化融入课程，把重诚信、自强不息、追求合理合法利润等传统观念融入创业精神建设中；另一方面通过创业教育提高大众的创业意识，扭转“学而优则仕”“科研优则仕”观念的不利影响。尤其是高等院校要充分发挥创新创业人才培养方面的中坚作用，把创新创业教育纳入专业教育、文化素质教育等中，建立多层次的课程体系，举办丰富多彩的活动，营造认同、理解、支持创业，鼓励创新、冒险的校园文化环境。

（三）营造鼓励创新宽容失败的社会文化环境

推动区域创新创业经济的发展，不仅需要培育大众的创业创新精神，且需要一个良好创业文化环境，但在河南占据主导地位的不是创业文化而是守业文化；不是创新文化而是求稳守成文化，加强河南创业文化建设营造鼓励创新宽容失败的社会文化环境是关键。创业具有较大的不确定性，可能成功也可能失败。作为创新创业主体，要具有敢于挑战权威、打破常规、不怕失败精神，河南省政府要在营造崇尚创新、鼓励创新的文化氛围，激发大众创业的积极性和万众的创新活力方面下功夫，不仅要弘扬个体创新价值观，培育民众和企业的创新和创业精神，鼓励年轻人在社会上闯荡和创业冒险，使企业家精神和创新创业观念在民众中充分涌流；而且要倡导开放观念，促使民众改变“小富即安”的传统价值观念，鼓励年轻人树立“志在四方”的新价值观；还要不断提升大众的规则意识、诚信意识，营造一个良好的诚信舆论文化氛围与信用文化。

（发表于《洛阳师范学院学报》2017 年第 6 期）

洛阳旅游低碳文化建设浅析

旅游业曾一度被喻为“无烟工业”但发展过程中也带来一系列环境问题，如带来了大量能源消耗，2001 年旅游休闲业能源消耗量相当于 4.3 万吨黑煤的热能，二氧化碳排放量为 1400Mt，分别占世界能源消耗总量的 25% 和二氧化碳排放量的 5.3%；再如大量耕地被占用，全球范围内旅游休闲业占用土地 515000 平方公里，是全球生物生产性土地的 0.5%，土地使用方式的改变也是引发温室气体排放量增加的因素之一。因此，旅游发展方式低碳化转型已成为国际旅游业可持续发展的总趋势，一些欧洲国家旅游业低碳建设方面已取得了关键性突破，我国国务院 2009 年 12 月也出台了《关于加快发展旅游业的意见》倡导人与自然和谐的低碳旅游方式。而低碳旅游发展方式的形成不仅受制于基础设施等硬约束，更受制于文化观念的软约束。旅游低碳文化是低碳旅游经济发展的内在支撑，没有形成普遍认同的低碳文化，很难实现旅游经济低碳化转型，因为无论是旅游业技术的创新、资金的投入，还是制度的完善，都属于人的行为，而人的行为是由人的价值观、思想、习俗等精神因素亦即文化因素决定的。作为旅游文化名城、具有丰富旅游资源和文化底蕴的洛阳，推动旅游业低碳化转型，积极培育低碳社会文化氛围，不仅是推动旅游业转型升级、提升国际知名度的选择，而且旅游业低碳化转型对其他行业低碳化转型产生广泛辐射带动作用，旅游业还是对外交流的窗口，能有效地展示洛阳低碳建设方面采取的行动。

低碳文化是有关 CO_2 较低排放的价值、思想、知识、习俗、信仰等精神因素的总和，本质上是崇尚生态价值、绿色环保、秉持可持续发展理念的文化。旅游低碳社会文化建设是指在旅游经济发展中，普及低碳知识，确立低碳价值观，构建低碳管理体系，开发低碳旅游产品，形成低碳旅游企业文化。

2015 年年底和 2016 年初著者和洛阳师范学院商学院的一批学生们分小组对洛阳市的主要景点如王城公园、洛浦公园、国花园、隋唐植物园、龙门石窟、白马寺、龙潭峡等景区进行调研，一是对主要景区的游客进行现场问卷调查；二是对景区工作人员进行了访谈式调查；三是对景区低碳建设情况进行现场观察，然后对调研结果进行了认真分析，得出当前洛阳旅游低碳文化建设已取得了一定的成绩，但良好的社会文化氛围的形成还尚需时日。

一、洛阳旅游景区低碳建设取得的主要成绩

近年来，洛阳在河南省大力发展循环经济、低碳经济，加快资源节约型、环境友好型社会建设的大社会环境下，在旅游业低碳化建设方面采取不少措施，且取得了显著成效，主要成效体现在以下几个方面：

一是一些景区基础设施进行了低碳化改造或建设。在旅游交通方面，80% 以上的景区为游客提供电瓶车，在龙门石窟景区还建有低碳停车场。在节水方面，在针对景区洗手间水龙头的调查中，66% 的景区采用了感应式水龙头；对景区内绿化植物的灌溉方式，78% 景区采用滴管形式对植物灌溉，上述措施对于景区的节约用水起到了一定促进作用。在节电方面，14% 的景区使用太阳能路灯，17% 的景区使用声控灯，29% 的景区使用 LED 等，也在一定程度了推动了景区节约用电理念的推行。

二是大部分游客和景区工作人员都认同低碳建设。据我们调查，95% 的游客认为“低碳”与每个人生活息息相关，78% 的游客认为倡导低碳经济与低碳管理应该从现在做起，从自己做起。

三是景区对低碳理念进行了宣传。不少景区对游客和工作人员进行“低碳知识、低碳管理”的宣传，有 46% 的景区利用宣传栏和电子标语等形式宣传低碳理念。

二、景区低碳建设存在的主要问题

一是旅游景区低碳管理水平有待加强。据我们调查，大多数景区内对低碳理念还停留在宣传层面，在管理相关制度建设，怎样进行管理等方面还未进行深入探索。如对游客的破坏公共设施、对景区生态环境破坏等行为，只有 17% 的景区给予象征性的处罚。再如在垃圾处理方面，虽然洛阳景区比较之前干净

了许多，但垃圾乱扔现象仍很普遍，垃圾分类设施虚设等。

二是旅游企业对职工低碳知识和管理技能培训不足。旅游低碳发展方式和低碳文化氛围的形成需要旅游企业职工真正了解低碳知识和管理技能，就需要对他们进行系统培训。据我们调查5%的景区经常对员工进行过于低碳知识专题培训，62%的景区在对员工其他培训中涉及有低碳知识，33%的景区没有对员工进行过有关低碳知识的培训。我们在对洛阳景区游客和工作人员进行“您是否听说过低碳旅游景区一词”调查中，50%的游客和工作人员选择“好像听说过”，21%的游客和工作人员表示“没听说过”，在“您是否了解低碳旅游景区的内涵”这一问题中，“十分熟悉的”的游客和工作人员只占到了调查人数的4%。由此可见，当前旅游企业对职工低碳相关知识和管理技能培训还很不到位。

三是低碳基础设施以及宣传方面有待加强。旅游景区内能够明确提出低碳文化建设的宣传标语、标志、横幅之类的物质基础设施建设滞后。据我们调查洛阳有21%的景区对游客进行了“低碳”宣传，50%的景区做些标识牌提醒，9%的景区认为不是景区该管的；景区对低碳知识进行宣传采取的主要形式：电子标语占16%，39%的景区开设了宣传栏，6%的景区使用广播宣传，11%的景区使用海报、条幅。且在洛阳景区见到的有关生态环保的标语仍仅限于“不要踩踏草坪”“不要乱丢垃圾”之类简单的标语，对景区的文化建设还没有上升到“低碳”高度。在节水、节电改造和建设方面还远远不够，还有不少旅游企业没有使用太阳能等节能照明，绿地浇灌方式还比较原始。

四是游客低碳意识有待提高。据我们调查，认为游客的环保意识“非常好”的占3%，“比较好”的占15%，“有一定意识的”占36%，“不太好”的占43%，“非常差”占4%。在“认为景区出现卫生状况较差的原因”这一问题调查中，52.22%的游客和工作人员认为是游客的低碳环保意识较差造成的。据景区工作人员的描述，一方面是因为游客自身环保意识低有关，另一方面文化氛围没有形成，如有人本来想找垃圾桶但一看地上满地的垃圾，就有很自然地从众了，还有不少游客并不认同保护环境应该从自我做起，乱刻乱画。

三、洛阳旅游低碳文化建设的若干思考

洛阳低碳旅游社会文化氛围的形成需要全社会的共同努力，其中政府、旅

游企业、学校等应明确各自的定位，发挥各自的职能，宣传和传播低碳知识和理念，推动洛阳低碳社会文化的形成。

1. 以政府为主导把低碳理念融入法制等文化建设中

政府应当在建设洛阳低碳社会文化中发挥主导作用，应系统规划，推动洛阳低碳社会文化氛围的形成，可以从以下几个方面入手：首先，健全和完善与低碳社会相适应的法律文化。借鉴国内外经验结合洛阳实际，健全和完善低碳相关法律法规，对居民和游客的行为等进行约束和管理，为低碳社会文化的形成提供法律保障。其次，健全和完善与低碳社会相适应的制度。立足洛阳资源禀赋，健全和完善低碳社会文化相关制度。如旅游企业内实施差别电价、以奖代补等经济政策，对旅游企业的绩效评估中加入低碳指标等，以激励旅游企业开发低碳产品，践行节能减排理念，促进旅游企业环境成本内部化。再次，政府要充分利用媒体营造低碳社会文化氛围。政府应充分利用电视、报刊、广播、互联网等媒体，大力弘扬和传播低碳理念，宣传低碳典型事迹，使广大群众认识到树立低碳理念的必要性和重要性，树立低碳生活、低碳生产光荣的意识。最后，政府机关发挥示范和导向作用。政府机关本身要率先将低碳理念进行具体落实，这对低碳社会文化的形成起示范和导向作用。

2. 推动旅游企业把低碳理念融入企业文化中

一是推动旅游企业树立正确的低碳理念和社会责任意识。旅游企业树立“资源有限、节能无限”的理念，在技术上不断创新，强化清洁生产，尽可能减少对环境的污染和资源的浪费。旅游企业还要树立低碳社会责任意识，企业不仅是一种经济组织，还是一种社会组织，不能以追求利益最大化作为唯一目标，还应承担相应的社会责任，节能减排、保护环境是现代企业应承担的社会责任。

二是旅游企业要树立低碳营销理念，积极推进智慧营销方式。智慧化营销是当前旅游产业中比较经济、有效的营销手段。传统的旅游营销手段主要有旅游推介会、电视广告、宣传片、报纸杂志广告等，相对于网络媒体，花费高、信息量小、形式单一、覆盖面积有限、投放分散，且是单向传播，用户难以细分和准确定位，营销效果难以评估；而智慧营销具有市场划分细、准、信息量大、形式多样、时空无限，且花费相对小，效果可测、多语种服务等优势，因此智慧营销与传统营销方式相比，具有效率高、成本低、影响大等特点。

三是加强对员工低碳、智能化相关知识培训，提高低碳管理水平。让洛阳几所高校旅游学院、商学院参与到洛阳低碳旅游建设中，高校不仅可以为旅游企业培养具有针对性的人才，而且可以利用高校力量对旅游企业职工进行低碳知识、低碳管理以及智能化技能培训等。

四是加大景区基础设施低碳改造或建设。改良和完善景区内污水处理装置，建设生态厕所，设置生态垃圾桶，对垃圾分类回收、分类运输、分类处理。因地制宜，利用风能、水能、太阳能、沼气能等可再生能源，建设景区低碳旅游的电力供应系统。加大对低碳旅游产品的研发投入，开发旅游低碳产品。

五是加大旅游文化宣传力度。在景区全范围内树立张贴有关低碳知识宣传标语，通过平面媒体、网络媒体等诸多形式，加大对低碳理念的宣传推广力度。

六是构建和完善低碳旅游规划、服务和管理体系。低碳旅游服务和管理体系是系统工程，包括低碳旅游发展规划、低碳旅游标准化体系、低碳旅游政务管理体系、低碳旅游服务体系和低碳旅游评价体系等。

3. 以学校为主体把低碳理念融入校园文化建设和课堂中

洛阳低碳社会文化的形成和发展离不开教育，低碳教育是低碳经济、低碳社会形成的重要保障，因此发展低碳经济、倡导低碳生活、形成低碳社会文化，还有赖于各类学校把低碳理念融入到校园文化建设和课堂中。不仅要把低碳知识融入高校校园文化建设和课堂中，还要融入中、小学校园文化建设和课堂中。中小学校应该发挥低碳教育的基础作用，普及低碳知识，传递低碳文化，使洛阳居民从小就树立节约资源、保护环境光荣的环保意识。尤其要充分发挥洛阳高校在低碳社会文化建设中的作用，使高校成为洛阳低碳文化的辐射源。低碳教育可以借鉴国外成功经验，如日本有比较系统低碳教育体系，日本的低碳教育分为学校教育、家庭教育和社会教育三个部分，学校、家庭、社会三管齐下的低碳教育模式，让低碳理念较早深入日本居民内心，在日本已经初步形成了低碳社会文化自觉。

豫浙文化差异对区域创新创业发展的影响研究

一、理论基础及文献综述

（一）研究目的和意义

1. 研究目的

创新创业文化是创新创业发展的精神文化保障，而创新创业文化又植根于特定民族文化、区域文化土壤之中，具有鲜明的民族性、区域性。在特定民族文化、区域文化影响下，不同民族、不同区域创新创业主体的思维模式和价值判断具有明显差异。区域文化对区域创新创业发展具有重要影响，创新创业文化较成熟的地区创新创业水平一般较高；相反不成熟地区创新创业水平一般不高。1992 年以来浙江省“私营企业家户数”一直是河南的 2 倍以上，河南的创新创业水平一直落后于浙江，造成这种局面的原因是多方面的，其中区域文化差异是关键因素，即河南受“重仕轻商”“求稳怕变”“安贫乐道”“官本位”等传统文化观念影响较深，居民性格保守、求稳，创新创业意识普遍较淡；而浙江受“工商皆本”等文化观念影响深刻，居民性格开放、敢于冒险，创新创业意识普遍较强。洛阳和义乌分别是河南省和浙江省创新创业比较活跃的城市，洛阳的关林小商品批发市场、义乌的小商品城在市场规模、发展模式等方面具有相似性，因此本文以两个市场为中心，对区域文化差异对创新创业发展的影响进行比较研究；然后在洛阳和义乌高校中选取一定数量在校大学生，对区域文化差异对大学生创业意愿的影响进行研究。

2. 研究意义

在“大众创业、万众创新”背景下，对该课题进行研究不仅具有理论意义，还具有现实价值，优化创新创业文化环境，积极推进“大众创业、万众创新”是当前河南省迫切需要解决的课题，然而相关研究尚未得到学术界的充分重视，因此课题研究，一方面有助于深化创新创业理论研究，另一方面通过本课题研究，取浙江创新创业文化建设之长，补河南创新创业文化建设之短，为优化河南创新创业文化环境提供决策建议。

（二）国内外研究综述

1. 国外研究综述

国外专门对文化与创新创业关系进行研究的成果很少，相关研究成果多分散在经济发展、经济增长等理论研究中，区域经济发展研究中也涉及有相关内容。

关于文化与经济发展关系的研究，可追溯到以“现代经济学之父”——亚当·斯密为代表的古典经济学派对经济发展问题的研究。斯密在《国民财富的性质和原因的研究》（1776）中提到的“经济人”，即“屠户、酿酒家和面包师”等实际上是新兴中产阶层，这一阶层具有“勤勉、节约、慎重、用心周到”等品质，希望自由行动以实现“利己心”，他还提出：社会的道德观如信守契约、尊重市场伙伴、履行承诺是市场经济运行的基础。① 约翰·斯图亚特·穆勒（1848）提出一国的信仰、法律对经济发展有很大影响，劳动力的道德品质影响着劳动效率与劳动价值，文化约束有时比追求个人利益更重要。② 阿尔弗雷德·马歇尔（1890）也提出文化因素（包括宗教、道德、观念、理想）与经济动机一样对人们的行为起决定作用。上述经济学家是将文化视为经济发展的一种外生变量，仅碎片化提到文化因素与经济发展间的关系，并未进行深入研究。

最早较为全面探讨文化与经济发展关系的是德国社会学家马克思·韦伯，他在《新教伦理与资本主义精神》一书中，深入探讨了世界主要民族的精神文化气质与该民族经济发展间的内在联系，提出资本主义精神是适应资本主义发

---

① 亚当·斯密．国民财富的性质和原因的研究（下册）［M］．北京：商务印书馆，1974.
② 穆勒．穆勒经济学原理［M］．郭大力，译．北京：世界书局，1936.

展需要产生的，而儒教伦理阻碍了中国资本主义发展著名观点。马克思·韦伯对文化与经济发展关系进行了较为系统研究，但过于强调文化对经济发展的作用。①

制度经济学派也认识到文化对经济发展的影响。道格拉斯·诺斯（1990年）在《体制、体制变化及经济运作》一书中多次谈到文化对体制形成的影响，提出一个社会体制的演变受到一些“非正式的限制”，而“非正式的限制”来自社会传播的信息。诺思在北京大学演讲时还说：我们的社会演化到今天，我们的文化传统，我们的信仰体系，这一切都是根本性的制约因素。传统文化从风俗习惯到观念系统，从心理到意识，形成了对人际关系、价值取向、生活方式等方面的独特看法。传统文化所确认的行为规则、社会关系、思想观念在人们心里深深扎了根，已成为人们习以为常的东西，成为人们的生活方式。任何制度中都包含着文化蕴含。诺斯还运用文化因素解释经济增长，提出制度与意识形态共同决定了经济发展的绩效②。格雷夫曾对热那亚商人与马格里布商人在文化、政治、经济等方面的差异进行比较研究，提出在同样贸易环境下，集体主义的马格里布商人与个人主义的热那亚商人在贸易效率上存在明显差异，认为文化差异对经济组织的演化、社会制度的变迁等产生着重要影响。曾任日本产业研究所所长的青木昌彦（1995）认为制度包含三个要素，即共有信念、均衡的概要表和博弈的内生规则，其中“共有信念”包括风俗习惯、文化价值观念等文化因素③，从青木昌彦对制度的定义能看出文化是制度的基本要素。恩格曼（Stanley L. Engerman）在《文化价值理念、意识形态倾向和劳动制度变迁：对三者互动关系的诠释》一文中，探讨了文化对经济增长产生的影响，还提出：如果不关注文化价值对经济行为的作用方式，处理传统经济问题可能会使人们误入歧途。由上所述，能够看出制度经济学派认为制度是经济发展的内生变量，而文化是制度的重要组成部分，因此间接地探讨了文化因素在经济发展中的作用。

发展经济学派关注到文化因素对创新发展以及经济增长的影响。瑞典经济学家冈纳·缪尔达尔（1968）在《亚洲的戏剧——南亚国家贫困问题探讨》一

① 张蒲香．区域文化对区域经济发展的影响［D］．湘潭：湘潭大学，2010：3.
② 道格拉斯·诺斯．制度、意识形态和经济绩效［M］．上海：上海人民出版社，2000.
③ 青木昌彦．比较制度分析［M］．上海：上海远东出版社，2001：28.

书探讨了南亚国家贫穷落后的根源，指出制度性贫困根源于文化因素，即人民低下的参与程度与刚性的、不平等的社会分层是造成贫穷落后的根源。约瑟夫·阿洛伊斯·熊彼特（1934）以“创新理论”解释资本主义的本质特征，强调企业家精神对创新的影响，认为企业家的创新受“心灵方面”即文化价值观念的影响，使得其不愿意轻易从事新的工作，还提出传统文化尽管带来了巨大节约，但也束缚了人们的思想，阻碍着人们进行创新。实现技术创新首先应进行文化创新，要突破传统文化观念的束缚。① 总之，发展经济学派比较关注文化对经济行为的影响，特别强调对企业家行为的影响。近年来，美国波士顿大学的“经济文化研究所”研究了文化与经济的相互影响和相互促进关系，认为不同的经济发展阶段，文化对经济发展产生的影响是有差异的。对发展中国家而言，艰苦奋斗、节俭、自律等文化有利于个人以及社会的发展，但类似文化对发达国家或地区的影响不大。

2. 国内研究现状

中国学者对文化因素与创新创业关系进行研究始于20世纪90年代，就研究内容而言包括以下几个方面：

（1）关于文化与经济发展间关系的研究。张培刚教授（1999）在《农业国工业化问题》一书中探讨了文化与经济发展间的关系，指出一方面经济发展水平的低下限制了社会文化的发展，另一方面文化意识上的不思进取又强化了落后状态，并通过代际关系世代传递，还指出：经过历史沉淀而成的文化观念具有稳定性，严重阻碍着现代经济的发展。② 林毅夫（1989）、汪丁丁（1995）认为文化对经济发展的影响是“中性的”，即有的文化因素对经济发展能起促进作用，有的因素对经济发展则起阻碍作用，对经济发展起“促进”作用还是“阻碍”作用取决于人们对文化的利用方式。夏丽丽（1992）指出区域文化定势制约着区域间经济、技术的交流与吸收，文化观念更新促进了区域经济发展模式的转变。③

（2）关于文化与创新创业关系的研究。2000年以来，我国学者关于文化与创新创业间关系的研究取得了不少成果。杨鲲鹏（2003）从文化对企业创新的

① 约瑟夫·熊彼特．经济发展理论［M］．北京：商务印书馆，2000：84－100.
② 张培刚．农业国工业化问题［M］．武汉：华中工学院出版社，1984.
③ 张蒲香．区域文化对区域经济发展的影响［D］．湘潭：湘潭大学，2010：4.

影响机制与影响维度两个方面探讨了文化对企业创新的影响。① 常建坤（2006）构建了文化影响企业创新精神的钻石模型，并对中国传统文化对企业家精神的作用机理进行初步探讨。② 辜胜阻（2008）等分析了区域经济文化对区域创新模式的影响机制，认为区域文化对创新的影响是通过两个路径实现的，一是区域经济文化影响经济活动主体的价值观，进而影响其创新行为和模式，二是区域文化发挥制度上的调节作用，进而促进区域创新的有效进行。③ 秦佳良（2015）利用 Hofstede 文化维度理论探讨了国家文化与创新间的关系。邵羽在其硕士论文中指出中国传统文化对科技创新的影响是一把“双刃剑”④。

（3）关于地域文化与地区创新创业的研究。周鸿勇，傅秀清从社会平等性、社会价值观、性别特质、不确定性规避等维度，探讨了文化与创新能力间的关系，梳理了越商创新能力存在的不足以及发展创新能力的建议。⑤ 徐建平，王重鸣等概括了浙江省企业家精神的特征，从区域文化角度诠释了创业精神的区域文化特征。⑥ 李坤、王建（2005）在《创业精神的地域文化分析》一文中，探究了地域文化对创业精神的影响过程。⑦ 辜胜阻等在《区域经济文化对创新模式影响的比较分析》一文中提出，创新精神是区域经济文化的核心，不同区域经济文化内生出不同的创业模式，并对温州与硅谷的经济文化特征及其对创新模式的影响进行了比较研究。王颖、李慧清（2015）在《区域文化对大学生创业意愿影响的实证研究》一文中，考察了广东省与河南省区域文化对大学生创业意愿的影响。⑧ 总之，我国关于地域文化与地区创新创业关系的研究虽取

① 杨鲲鹏．文化对企业创新的影响模式分析［J］．技术经济与管理研究，2003（3）：16－18.

② 常建坤．中国传统文化与企业家创新精神［J］．经济管理，2006，9（18）：77－81.

③ 辜胜阻等．区域经济文化对区域创新模式的影响机制研究［J］．经济纵横，2008（10）：16－21.

④ 邵羽．论文化对科技创新的作用［D］．长沙：长沙理工大学，2011.

⑤ 周鸿勇，傅秀清．基于文化维度的越商创新能力研究［J］．绍兴文理学院学报，2014（5）：22－27.

⑥ 徐建平，王重鸣．创业精神的区域文化特征：基于浙江的实证研究［J］．科学学与科学技术管理，2008（12）：141－145.

⑦ 李坤，王建．创业精神的地域文化分析：兼论南京地域文化对南京市民创业活动的影响［J］．南京社会科学，2005（9）：396－402.

⑧ 王颖，李慧清．区域文化对大学生创业意愿影响的实证研究［J］．高等教育研究，2015（3）：396－402.

得了一定成绩，但主要集中于对江浙等发达地区，对河南省区域文化对创新创业影响的研究很少。

综上所述，国内外学者就区域文化对创新创业影响方面的研究，呈现以下特点：一是国外学者对文化和经济发展间关系的研究较早，偏重于理论研究。二是国内学者对文化和经济增长或经济发展间关系多数是从宏观角度进行研究。三是我国关于地域文化对创新创业问题的研究成果以实证为主，采用案例进行研究的较少，对创新创业水平落后地区的研究更少。通过个案分析和实地调查，运用比较分析法，深入探讨了区域文化对河南省、浙江省创新创业的影响，从文化角度寻找河南省创新创业落后于浙江的原因。

（三）理论基础及相关概念的界定

1. 区域文化的含义与起源

所谓区域文化是指特定地域范围内居民在长期创造物质、精神财富过程中逐渐形成的价值观念、思想意识、行为方式等的总和，对创业活动和创业精神具有重要影响。

文化是在特定的地理环境和社会环境中产生的，离开了特定的环境就无法解释区域文化的形成。自然环境、社会文化环境客观地影响人们的生产、生活以及思维方式。马克思曾说：人创造了环境，同时环境也创造了人，人与自然、文化之间存在相互影响、相互促进关系。所处自然环境、社会文化环境不同形成具有地域特点的文化性格。在农业文明时代，自然环境对人类经济发展方式、生活方式等影响是直接的，但随着科技的进步，自然环境对人类发展的影响力有所减弱。历史上，因受自然环境、交通条件、经济发展水平等因素的制约，区域间的经济文化合作与交流非常有限，逐渐形成具有地域特色的价值观念、思维模式、生产方式、生活方式等。不同地域文化孕育出具有地域特征的居民性格和商业气质，李淦的《燕翼篇·气性》则将天下分为三大区域：“地气风土异宜，人性亦因而迥异。以大概论之，天下分三道焉：北直、山东、山西、河南、陕西为一道，通谓之北人；江南、浙江、江西、福建、湖广为一道，谓之东南人……北地多陆少水，人性质直，气强壮，习于骑射，惮于乘舟，其俗俭朴而近于好义，其失也鄙，或愚蠢而暴悍。东南多水少陆，人性敏，气弱，工于为文，狎波涛，苦鞍马，其俗繁华而近于好礼，其失也浮，抑轻薄而侈靡。”李淦的区域划分虽粗，但描述自然环境对民情的影响还是具有一定借鉴意义。

明清时期我国的主要商帮就是受不同区域文化影响而形成的，其中最具代表性的是徽商、晋商。河南人“求稳怕变”“官本位”等意识较强与地处中原，农业较发达等居住环境有一定联系；而浙江温州地区居民风险等意识强也是居住环境等因素长期影响的结果。

区域文化形成除受自然环境影响外，社会文化环境也对区域文化产生着深刻影响，主要体现在以下几点：一是历史政治因素影响。一个区域发生重大的历史或政治事件，对区域文化产生着深远影响。毛泽东《新民主主义论》中曾说：“一定的文化是一定社会的政治和经济的反映，又给予伟大影响和作用于一定社会的政治和经济；而经济是基础，政治则是经济的集中体现，这是我们对于文化和政治、经济的关系及政治和经济的关系的基本观点。”一般情况下，在一个注重等级秩序社会环境下，文化发展受政治的影响较大。河南长期作为我国政治文化中心，其文化性格受传统文化、政治经济体制等影响比浙江深。二是受工商业等经济发展条件的影响。历史上工商业比较发达的区域，在文化观念上往往表现为“重商”；而农业比较发达的地区，往往推崇“重农抑商”。经济比较发达的长三角、珠三角地区历史上都是工商业比较发达的地区，有较强的工商文化传统，生活在这些区域的居民一般比较重视商业成就，这与区域长期积淀的工商业文化传统是一脉相承的。

2. 创新创业理论

（1）创新、创业的含义。1912 年，约瑟夫·熊彼特（JosephA. Schumpeter）在《经济发展理论》中提出创新是经济增长的重要源泉，他把创新概括为五个方面：引入新产品，引入新技术（生产方法、工艺流程），开辟新市场，开拓原材料或半制成品的新供应来源，采用新组织方式或管理方式。国外学者关于创业概念的界定，是仁者见仁智者见智。科尔（Cole）（1965）把创业定义为：发起、维持以及发展以利润为导向的企业的有目的性行为。杰夫里·提蒙斯（Jeffry A. Timmons）在《创业创造》一书指出：创业是一种思考、推理结合运气的行为方式，为运气带来的机会所驱动，需要在方法上全盘考虑并拥有和谐的领导能力。国内学者认为创业是指创业者对自己拥有的资源或通过努力能拥有的资源进行整合，从而创造出更大经济效益或社会效益的过程，是一个国家或地区经济发展的基础。

（2）创新与创业的联系。创业的本质是创新，同时，创新是创业的灵魂。

首先，创新是创业的基础，是创业的本质与源泉。熊彼特曾提出，“创业包括创新和未曾尝试过的技术”。创业者在创业过程中只有具备创新思维、创新意识才能产生出创意的想法以及实施新方案，进而形成新的商业模式获得创业成功。其次，创业推动并深化创新。创新活动所产生的知识、技术和市场机会等只有通过创业主体的商业推广以及应用才能转变为现实生产力。此外，创业能推动新发明、新技术、新产品等不断涌现，并创造出新的市场需求。著者认为，创新和创业是密不可分的，将选取一定的视角对两者集中探讨。

（3）创新系统。创新的主体是个人（企业家）和企业，而创新活动的成败与否依赖于所处社会经济文化环境。区域创新系统是国家创新系统的子系统。国家创新系统是1987年英国经济学家克里斯托弗·弗里曼首次提出的。之后，纳尔逊、佩特尔和帕维蒂以及经济合作与发展组织（OECD）和其他国家的学者纷纷加入研究国家创新系统理论行列，使理论得到不断拓展。我国在20世纪90年代引入区域创新系统，2003年科技部提出实施区域创新战略，各地科技部门结合实践经验纷纷对区域创新体系进行探讨。

本文认为创新创业系统主要由三大部分构成：即创新主体、创新资源与创新环境。创新的核心主体是企业，企业的发展水平以及创新能力在一定程度上代表了一个地区的创新水平。最富有活力和朝气的年轻人，特别是大学生群体，他们思想活跃，他们的创业意愿和潜力一定程度上能反映该地区创业发展的潜力。创新资源内容丰富，包括知识、信息、人才、资本等。创新环境包括物质环境和社会文化环境。创新主体在创新要素中居于核心地位，创新资源与创新环境最终要通过影响创新主体发挥作用。因此，本文选取代表创新水平的企业对豫浙两地创新创业水平进行考察，选取大学生群体考察豫浙两地创新创业发展的潜力。

二、豫浙文化差异及其对创新创业发展的影响机理

区域文化对区域创新创业水平具有重要影响，创新型区域文化能激发创新主体的创新积极性，是本区域创新创业发展的精神动力；相反，保守型区域文化制约着区域内居民创新创业活动的开展。1992年以来河南的创新创业水平落后于浙江，造成这种局面的原因也是多方面的，其中，区域文化差异是深层次原因。本文主要考察豫浙区域文化的特征以及区域文化对创新创业的影响机制。

（一）浙江区域文化的发展及特征

自然环境、社会文化环境对区域文化形成起着决定性作用，浙江区域文化的形成是与其所处的地理环境、自然资源条件、文化教育条件、政治环境等密切相关的。

1. 浙江文化的起源与发展

地理环境是文化生成的土壤，任何一种文化的形成与发展都离不开特定的地理环境。浙江环山靠水，滨海临江，河湖众多，水网密布，水资源丰富。优越的水资源条件为浙江先民从事稻作、渔猎经济奠定了基础，自古就有“鱼米之乡”美誉。浙江地处亚热带季风气候区，农业经济较发达，在农业经济发展的基础上，商业、手工业发展也较早，浙江文化中商业历史文化底蕴深厚。“水性”环境特征影响着浙江人的生产方式、生活方式，“水行山处、以船为车，以楫为马”是他们生产、生活的基本写照。从河姆渡文化、马家浜文化到良渚文化；从永嘉学派、浙东学派到宁波商帮；从陈亮、叶适“经世致用”、黄宗羲“工商皆本”到蔡元培“兼容并包”……浙江文化处处彰显着鲜明的“水性”特征：开放包容、自强不息、开拓创新、勇于冒险、重利事功等。①

从文化发展历史看，浙江文化属于江南文化体系。浙江历史上称为越国，因此浙江文化也称越文化。浙江文化形成是一不断吸纳、借鉴周边先进文化的过程，与中原文化的多次融合及鸦片战争后吸纳欧美国家先进文化，最终形成了独具特色的浙江文化。

从政治变革看，对浙江文化影响较大的历史或政治事件是两次大规模移民潮，一次是延续了200年的西晋末年移民潮，这次移民潮从“永嘉之乱”延续到北魏统一北方，使浙江人口数量迅速增加，土地得到大规模开发，农业经济发展也带动了商业、手工业等的发展。另一次是两宋之交的移民潮，北方人为避战乱纷纷南迁，浙江人口规模进一步增加，经济繁荣发展，大量的文人南迁也带动了文学、艺术等的发展。明清时期，在行政区划上，浙江开始成为独立的行政区域，区域文化特征非常显著，表现为：以工商业为主和经济地位突出的精明、务实、豁达和开放的特点。近代时期，浙江商帮在国内占据了重要地位，宁波、绍兴、嘉兴等地资本家纷纷移居上海等通商口岸城市从事商业等活

---

① 罗昌智．浙江文化的“水性特征”［J］．浙江工商大学学报，2007（2）：7.

动，如丝绸大亨黄佐卿、五金大亨朱葆三、茶叶大亨宋瑞泰等都是浙江籍，浙江籍商人在上海总商会中人数占比最高时达72%。①

2. 浙江文化的“重商”特征

不同地域文化孕育出具有地域特征的商业气质，浙江文化中“重商”特征显著，主要体现在以下几个方面：

（1）海洋文明特征。从人类文明发展史看，人类文明可分为两种类型，即以农业为主的“农耕文明”和以冒险、贸易为主的“海洋文明”。浙江靠海临江，文化中“水性”特征即海洋文明特征显著。从河姆渡时期的海洋捕捞发展到驰名全球的“海上丝绸之路”，一再印证了这一文化性格。特殊的地理环境，使浙江人很早就重视商业贸易，使居民性格中多了开拓创新意识，敢于冒险精神。随着海洋贸易的发展，海洋文化氛围在浙江日益浓厚，形成内涵深厚的海商精神。以“水性”为主的海洋文化体现了浙江人在长期发展中养成的坚忍不拔、自强不息、开放创新、敢于冒险等品质。

（2）功利主义倾向。自古以来，浙江民众都比较务实，讲究实际。受事功学派思想影响较大，事功学派提倡功利之学。该学派注重实际、讲求实效精神，主张“通商惠工，以国家之力扶持商贾，流通货币”“义利并重”等观点。浙江人做事，善于考虑个人利害得失，不过分追求虚名。浙商所从事的商业经营，既有房地产等产业，也有利润微薄的小商品行业。义乌鸡毛换糖的经商传统是浙江功利主义文化一个缩影。

（3）开放求新意识强。浙江靠海多水的区域优势赋予了文化开放性特征。早在先秦时代，浙江人就开始与我国其他沿海地区及南亚、西亚、东亚等地区建立了贸易关系。秦汉后，浙江人开辟了“海上丝绸之路”和“海上陶瓷之路”。北宋时期杭州、宁波和温州成为我国重要的对外贸易港口。近代以来，浙江人较早接受西方文化的熏陶，创办了新式工业、开办新式教育机构等。浙江近代工业的发展和资本家群体的形成都是浙江文化开放求新的重要体现。旧上海资本家中宁波人占一席之地，目前浙江商人遍及世界各地。

（4）冒险进取倾向。海洋谋生是浙江人生存之道，而经常会受到海上恶劣环境的威胁，这也塑造了浙江人不畏风险，勇于开拓精神。封建社会“重农抑

① 陈芳娟. 浙江文化与区域经济发展研究［D］. 杭州：浙江财经学院，2013：23－24.

商"在中国长期发展中是居主导地位的观念形态，浙江人为了谋生，常常突破种种政策的限制，积极开拓国内外贸易，如唐代商人张支信冲破禁区推动了中日贸易的发展，明代郑和下西洋带动了浙江一带海外贸易的发展。近代以来，浙江人敢于开拓创新，突破体制的藩篱，在经济发展上取得惊人成绩。

（5）"重商"文化。在中国封建社会"重农抑商"是主导政策，但在浙江地区"重商""崇商"文化氛围较浓。春秋时期范蠡助越王勾践灭吴后，弃政从商，累积万金，成为我国商人的鼻祖。受陶朱遗风影响，"重商"成为浙江文化的重要元素。东晋以来，浙江的造船、制瓷、造纸、纺织等手工业闻名全国。唐宋时期"富贵而不务本"观念已在浙江地区形成，南宋永嘉事功学派主张发展商业，务实创新，浙江"重商"文化氛围更浓。明末，黄宗羲甚至提出"工商皆本"的思想。鸦片战争后，温州、宁波、杭州均被开辟为商埠，又毗邻大都市上海，加速了商贸发展，使浙江商业文化进一步强化。

总之，浙江文化的形成是多种因素影响的结果，其中受独特的自然环境、社会文化资源环境影响是关键因素。首先，从自然环境影响看，浙江省滨海临江，特殊的地理环境使浙江人很早就重视商业贸易。随着海洋贸易以及工商业的发展，"水性"和海洋文明特征日益彰显，即文化中开拓创新，不畏艰难，敢于冒险，以柔克刚等特征显著。其次，从社会文化环境的影响看，浙江文化形成是一不断吸纳、借鉴国内外先进文化的过程，鸦片战争以来积极吸纳海内外先进文明；加之受陶朱遗风影响，自古以来"重商"文化传统为浙江文化的重要元素。浙江文化中的冒险进取、开放创新、理性务实、工商皆本等价值理念和精神文化是与现代市场经济理念相契合的，能激发出创新创业主体的积极性和主动性，这也是改革开放以来浙江地区创新创业比较活跃的内在原因。

（二）河南区域文化的发展及其特征

中原一词在历史上有广义、狭义之分，广义上的中原是指黄河中下游地区，狭义上的中原是指今天的河南省。河南长期是中国的政治、经济、文化发展的中心，中原文化在一定程度上代表着中国传统文化。

1. 河南文化的起源与发展

河南省地处黄河中下游，位于北纬 31°～36°、东经 110°～116°，内有黄河，北有太行山、南有伏牛山，西为秦岭、关中平原，中部邙山东西穿越，气候宜人，水源充足，土壤肥沃适宜耕作。封建社会，政府一直控制着土地资源的分配，形成了中央集权的小农经济，这在河南尤为突出。而小农经济流动性较小，形成了居民“知足常乐”“求稳怕变”“勤劳俭朴”“重土恋家”等情结。

河南省是中国古代政治、经济、文化发展的中心，也是主流文化的发源地。中国历史上先后有20多个朝代定都中原，八大古都河南省占一半，即洛阳、开封、安阳、郑州。河南省在唐宋之前政治中心地位突出，南宋特别是明清后，随着政治中心地位的丧失，经济文化发展也逐渐落后于江南等地。河南是中华民族文化的重要发祥地，在思想文化领域涌现了许多著名的思想家，他们的思想对河南文化产生了深远影响，其中孔孟为主的儒家思想对河南影响尤深。

2. 河南文化的“重农”特征

数千年的中央集权制的政治模式、政权更迭及儒家文化、程朱理学等对河南影响深远，河南文化中“重农”特征显著，主要体现在以下几个方面：

一是典型的农耕文明。农耕文明以自然经济为基础，一个家庭或几个家庭就能构成一个完整的生产、生活体系。农耕方式变革缓慢，在此基础上形成的文化模式，主张“中庸”，排斥创新，人们依赖土地、眷恋家庭、重视血缘、崇拜祖先。① 农耕文化千百年来影响着河南人的生产方式、生活方式，形成了河南人“小富即安”“安贫乐道”“不愿冒险”“安土重迁”等文化性格。河南文化性格与创新创业文化交叉较少，不利于创新创业文化的形成与发展，具体表现在以下方面：受“重土”“耻言利”观念影响深。“重农抑商”“农本商末”观念是我国封建社会经济发展的主基调，这种观念对河南人影响尤深。从战国至明清，历代统治者不断强化户籍管理，限制人口自由流动；通过限制商人的政治等权利压制商业发展。“重农抑商”政策极大地抑制了工商业的发展，阻碍了机器大生产的出现和自然科学的发展，最终使产业革命在河南的发生成为乌托邦。② 在“重农抑商”“农本商末”观念影响下，“重土”和“耻言利”观念影响着河南人的思维模式和价值取向。

二是封闭保守，因循守旧。农耕文明本身就具有封闭性、保守性，河南人

① 武铁传. 中原文化的基本特征［J］. 郑州航空工业管理学院学报，2009（2）：61.
② 武铁传. 中原文化的基本特征［J］. 郑州航空工业管理学院学报，2009（2）：62.

有很深的乡土情结，“在家千日好，出门一日难”“金窝银窝不如自己的穷窝”等观念影响延续至今。长期处于封闭的环境中，河南人具有较浓的“小富即安”“安贫乐道”小农意识，易于满足现实，追求安稳的生活，还养成了谨言慎行，因循守旧文化特点。上述思想，对促进社会稳定发挥了重要作用，但抑制了河南人的创新积极性，不利于创新创业的发展。

三是“重亲情”“重关系”。儒家文化倡导“内外有别、亲疏有差、长幼有序、贵贱有等”，加上封闭的地理环境、高度集权的政治环境，使有限的资源与特权相结合，造成河南人比较重视同掌权者建立“关系”的文化传统，形成了鲜明的重亲情乡情、以关系为纽带的社会交往方式，这与市场经济发展所倡导的公平竞争、市场化、法制化、规则化等原则是相悖的。

四是较强的“官本位”意识。河南在长期封建统治下，形成了根深蒂固的“官本位”意识。“学而优则仕”等观念烙着“官本位”观念的印记。改革开放以来，当江浙等地区以创业致富为荣，“下海经商”成为热潮时，河南人仍以当官为荣。近年来广东、江浙等发达地区政府由“统制型”政府转变为“服务型”政府，但河南省从上到下难以改变“官本位”思想，影响着河南创新创业水平的提升。

五是集体至上、重义轻利。在小农经济占主导的经济模式下，中国形成了家国同构社会治理模式。古代先哲倡导的“修身、齐家、治国、平天下”，反映了家国同构的治理模式。家庭如同小国，男性家长便是这小国的国王；而国家，如同大家，在这个大家庭中皇帝就是大家长，并形成“君为臣纲、父为子纲、夫为妻纲”的宗法制度网。中国封建社会过分强调了个人对家庭、家族、国家等的责任和义务，重视集体主义利益，这对河南人影响非常深。河南历史上在民族危难时刻出现过众多民族英雄，如岳飞、吉鸿昌、杨靖宇等。

此外，河南人受儒家“中庸”思想影响较深，中庸思想在个人修身养性、保持社会和谐方面发挥着重要作用，但也形成了“明哲保身，但求无过”“回避矛盾”等处世哲学和行为习惯。近现代以来，经济社会领域的变法、改革很少首发在河南。

总之，河南文化的形成与发展是与地处中原，重视农业，长期为中国政治、经济、文化发展的中心等环境相关。从自然环境影响看，地处黄河中下游，气候宜人，水源充足，发展小农经济的条件较好，而小农经济具有流动性小、变化缓慢、思想保守等特点，加之地理环境的封闭性，形成了河南人“小富即安”“知足常乐”“安贫乐道”“求稳怕变”“安土重迁”“勤劳俭朴”“重土恋家”等地域文化性格。其次，从社会文化环境的影响看，河南省是中国古代政治、经济、文化发展的中心，主流文化的发源地，深受封建社会的政治制度、经济体制、文化观念等影响，形成了根深蒂固的“官本位”“集体主义”“重农贱商”等文化观念。

（三）区域文化对创新创业的影响机制

区域文化对创新创业水平、能力和绩效都有重要影响，对区域创新创业的影响不是直接的影响，而是通过一些中间变量或传导机制产生影响的。区域文化对区域创新创业的影响主要是通过以下路径实现的。

首先，通过影响创新创业主体进而影响创新创业水平。创新创业的主体是人，包括企业家等，他们是创新创业活动的承担者、执行者、参与者，主体的数量、能力、素质决定了创新创业的质量。区域文化对区域创新创业主体的影响，主要表现在文化导向、文化行为、文化精神等方面。文化作用于创新创业主体的思想，最终影响到行动、行为模式的选择。文化导向包括伦理道德、社会舆论、经营意识、思想观念、价值观念等导向。文化导向是通过对创新创业主体的意识、行为的引导进而影响创新创业活动的，如“重商”文化是区域创业活动发展的内在驱动力。

其次，通过影响企业的制度安排、管理模式影响区域创新创业。企业是技术创新的重要主体，一个地区创新创业能力和水平很大程度上取决于该地区拥有的企业数量以及企业的创新能力。区域文化影响政府的管理方式和管理理念，影响区域创新政策的制定与实施；区域文化还是区域创新环境的重要组成部分，影响社会成员的思维方式，通过优化社会环境，改变区域居民的价值观、认知和态度，进而影响创新创业的发展。

最后，影响经济文化交流与合作，进而影响创新创业活动。创新创业本身具有开放性、合作性特征，需要同区域内其他成员以及其他地区进行知识、技术、人才等方面的交流与合作，且随着“互联网＋”和科学技术发展，创新创业越来越需要与更广范围、更多机构的合作与交流。区域文化对交流与合作的形式、内容有较大影响。一般来讲，区域文化积淀越深厚，其文化稳定性越强，价值观和思维模式就越难改变，这种稳定性不利于区域间经济、文化、技术的交流与合作，不利于以开放心态学习借鉴外来先进技术、先进理念，不利于创新创业的发展。其次，区域文化影响个体的流动偏好、思维方式，区域文化积淀越深厚的区域在思想上一般较排外，影响着人才的流动和交流。

三、豫浙文化对区域创新创业的影响

本文主要通过比较豫、浙两省创新创业的差异，来探讨地域文化因素对创新创业活动的影响。

(一) 地域文化与区域创新活动的相互作用

区域文化与区域创新创业活动之间存在着相互促进、相互制约关系，一方面区域文化引导创新创业发展的方向，并为创新创业发展提供精神动力，另一方面创新创业发展又为区域文化繁荣提供物质保障和改革创新动力。

1. 地域文化引导着区域创新创业的发展方向

地域文化影响着区域创新创业水平，一个地区竞争力的强弱受多种因素影响，其中受地域文化影响尤深。地域文化的核心是一种被大众普遍接受的价值观、意识形态等，对该地区经济社会发展具有导向功能，在不知不觉中感染、同化处于其中的创新创业主体。文化不仅是区域创新的重要内容，还是经济发展的原动力。区域创新体系是由技术创新、人才创新、管理创新、制度创新、政策创新等构成。思想的解放是人类社会进步的永恒主题，因此观念的创新是区域发展的基础。根据创新理论，区域创新水平是由创新主体的规模、素质、能力等决定。区域创新主体是生活在特定区域的，区域文化对创新主体的价值观念和思维模式等产生着深刻影响。区域文化影响着区域的创新活力，而创新活力又影响着区域创新水平。推动区域经济发展，激发创新活力，是离不开思想解放、观念更新的。开放式的、具有较强创新意识区域文化的形成是推动创新创业发展的重要保障，立足区域优势，扭转区域文化中不利于创新创业发展的观念，营造一个鼓励创新、容忍失败、海纳百川等文化氛围，是推“双创”发展的必然选择。

2. 创新创业发展为地域文化提供物质基础和发展动力

创新创业正日益成为一个国家或地区经济发展的重要驱动力，鼓励创新创业、发展创业型经济已成为包括我国在内的世界上多数国家的政策取向，世界主要国家日益把竞争聚焦在创业创新发展水平上。美国的硅谷及中国的中关村、温州等地区的创新创业活动大幅度增强了区域经济发展竞争力。就业问题是全球性问题，国内外实践表明以创新创业带动就业是解决就业问题的重要途径。中国在工商部门注册登记的中小企业数占全国注册企业总数的99%左右，为城镇提供了约80%的就业岗位①。创新创业行为还带动了新兴产业的发展，推进产业结构的转型升级。创新创业的基础是知识创新、技术创新、观念创新，要求创业主体抢抓市场发展机遇，有效整合社会资源，创建效能更强、效率更高和成本更低的生产运作体系。同时，创新创业活动还能加快技术改革与创新的速度，促进越来越多科技成果的涌现，为文化创新、观念创新奠定物质基础、思想基础。如互联网的出现，不仅带动了相关产业的迅猛发展，而且改变了人们的生产、生活、学习、社会交往等方式，还使人们以更开放的心态接受新事物、新思想、新观念。

（二）豫浙区域创新能力比较

1. 区域创新能力评价指标的选取

（1）区域创新能力评价标准的选取。评价区域创新能力须有一套明确的可量化的评价指标体系。目前学术界普遍认可的区域创新能力评价体系，可分为单一指标体系与综合指标体系。单一指标体系主要包括创新产出指标。创新产出是创新活动最终成果的体现，进行区域创新能力评价时，因要考虑创新成果数据来源的可靠性，国际上通常采用专利数据来代表创新产出成果。综合指标体系更关注创新活动的过程及区域系统要素对创新活动的影响，往往采用多维度指标体系，来评价一个区域的综合创新能力。

创新活动是一个长期的、复杂的发展过程，受多种因素的影响，其中创新投入直接影响着创新产出的数量以及质量。全球创新指数报告建立了创新投入—产出评价体系。除区域创新活动的基础评价维度外，一些代表区域系统特征的维度如创新环境、技术扩散、企业创新活动、创新经济效益等维度也被列入综合指标评价体系中，使区域创新能力评价指标体系进一步完善。创新活动投入与产出是区域创新能力的直接反映，而区域系统中其他要素间接影响着区域创新能力的提升。综合评价指标体系涵盖创新活动的全过程，同时将区域系统

① 赵绚丽. 大力发展创业型经济的思考［J］. 宏观经济管理，2012（6）：61.

作为创新活动开展的重要载体考虑其中。①

（2）本文对区域创新能力评价指标的设计。在区域创新能力综合评价指标体系指标的选取上，综合借鉴了以往学者们的成果。对区域创新能力的考察，不仅要考虑创新活动的基础要素，还要考虑到区域系统对创新活动开展的内在影响。创新投入与创新产出是创新活动的基本要素，本文选取 R&D 经费投入代表区域创新投入指标，来评价区域创新活动投入的水平。选取国内专利申请授权数作为创新产出的指标，虽然用专利数代表创新产出能力存在一定局限，但基于数据的易得性、来源的相对可靠性，目前大部分学者仍以其作为衡量区域创新产出能力的基本指标。也有学者将技术市场成交合同金额作为创新产出的衡量指标②，但自《奥斯陆手册（第三版）》提出创新扩散的概念以来，更多学者倾向于将其划入区域创新扩散能力评价维度。③ 创新扩散是创新能力在区域间传播的基本方式，是特定区域引进或输出技术能力的测量标准。一地区能否充分学习、吸收外来先进技术，同时利用自身优势带动周边地区创新的发展，是衡量区域创新能力的重要维度。因此，本文在区域创新能力综合评价指标体系中采用了这一维度。此外，还有学者通过研究区域系统的特征来反映区域创新环境。区域创新环境在一定程度上体现了区域系统要素对本区域开展创新活动的带动能力。区域创新环境的优劣不仅取决于政府对创新活动的支持力度，还取决于人力资源环境，本文选取高等学校 R&D 人员合计近似值代表区域创新人力资本。

选取的区域创新能力指标间难免会出现内容或范畴的交叉重叠，在评价指标的选取上尽量确保指标的独立性，力求所选指标能从不同侧面反映区域的创新能力。根据上面原则，构建出的区域创新能力综合评价指标体系如表 2 所示。

---

① 张艾莉，李月明．基于等级划分的我国区域创新能力差异分析［J］．科技进步与对策，2016（10）：28－33.

② 张宗益，张莹．创新环境与区域技术创新效率的实证研究［J］．软科学，2008（12）：123－127. 黄琳．我国区域创新系统创新绩效评价分析［D］．厦门：华侨大学，2009.

③ 张经强，夏恩君．我国区域技术创新能力研究综述［J］．生产力研究，2009（15）：189－190.

表 2　区域创新能力评价指标

评价维度	指标	单位
创新投入	R&D 经费投入	亿元
创新产出	国内专利申请授权数	件
创新环境	高等学校 R&D 人员合计	人
创新扩散	技术市场成交合同金额	亿元

2. 豫浙区域创新能力比较

（1）创新投入。对创新投入维度，选取 R&D 经费投入为代表性指标。著者查阅了 2010—2017 年《浙江省统计年鉴》和《河南省统计年鉴》，并对两省每年的 R&D 经费投入数据进行了归纳梳理。如图 2 所示，我们能看出浙江省和河南省每年对 R&D 经费投入，浙江省远高于河南省。自 2010—2016 年浙江省 R&D 经费投入都是河南的 1 倍多，尤其是近两年比河南更是高出近 2 倍，一方面说明浙江省对创新的投入比较重视；另一方面也说明随着经济发展，浙江省有能力、有财力加大对科技创新的投入。

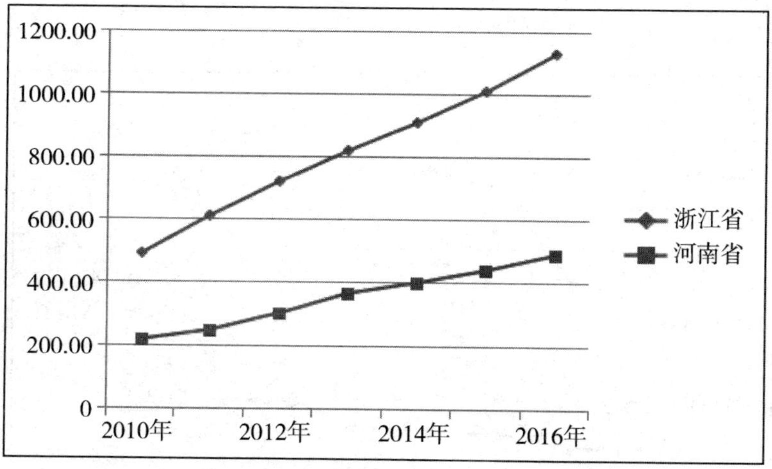

图 2　2010—2016 年浙江省和河南省 R&D 经费投入

（2）创新产出。对创新产出维度，选取国内专利申请授权数为代表性指标。本文查阅了 2010—2017 年《浙江省统计年鉴》和《河南省统计年鉴》，对两省各年的国内专利申请授权数进行整理，如图 2 所示。浙江与河南技术发明的悬殊较大，从图3和图4能够看出，在2010—2016年间，两省专利申请量和授权量都在逐年增长，但在总量上浙江省远远把河南甩在后面，且二者差距有愈拉愈大之势。

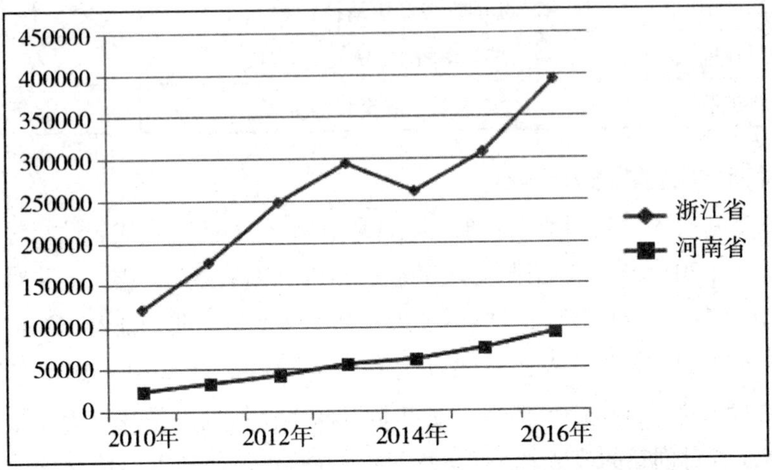

图3　2010—2016年浙江省和河南省申请专利数量比较

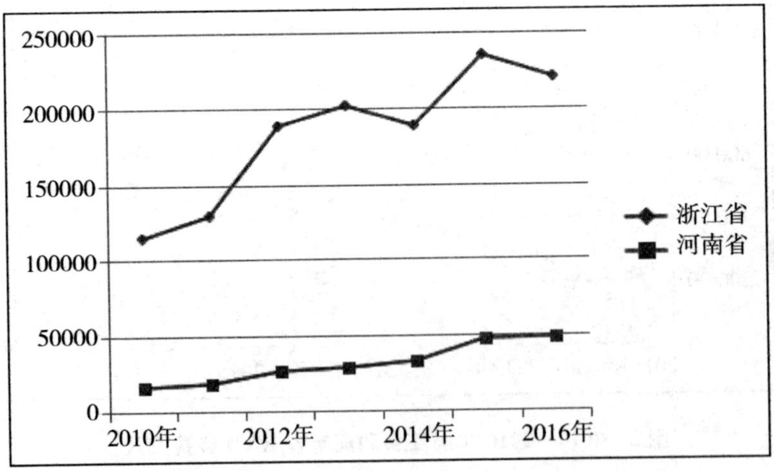

图4　2010—2016年浙江省和河南省授权专利数量比较

创新产出受创新投入的直接影响，浙江省对科技研发投入高于河南，这是浙江创新产出高于河南的直接原因。同时，政府对科技研发投入的重视程度也是关键因素之一。开放性文化特征更重视文化教育方面的投入，浙江省自明清以来就非常重视文化教育等方面的投入。

（3）创新环境。对创新环境维度，选取高等学校 R&D 人员合计数为代表性指标。本文查阅了 2010—2017 年《浙江省统计年鉴》和《河南省统计年鉴》，并对两省各年的 R&D 经费投入数据进行了整理，如下图 5 所示。浙江省和河南省每年高等学校 R&D 人员合计数差异显著，在总量上河南省也落在浙江省后面，说明浙江省的创新环境优于河南。

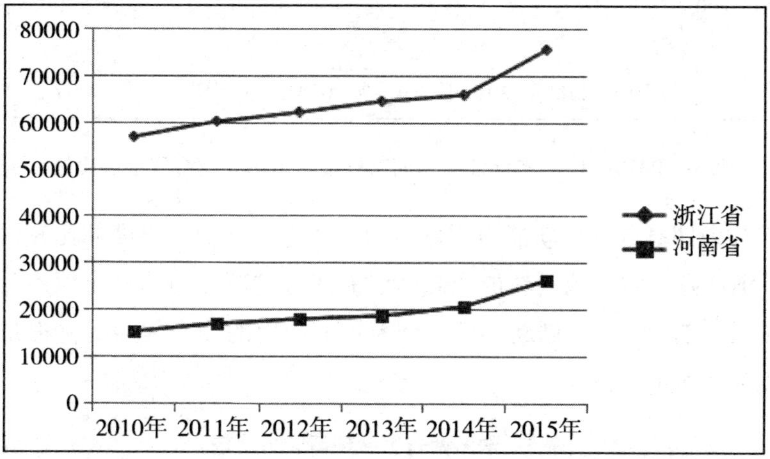

图 5　2010—2016 年浙江省和河南省高等院校 R&D 人员人数比较

（4）创新扩散。对创新扩散维度，选取技术市场成交合同金额为代表性指标。著者查阅了 2010—2017 年《中国统计年鉴》，并对两省每年的技术市场成交合同金额进行了整理，如图 6 所示。浙江省和河南省各年技术市场成交合同金额悬殊较大，2010—2015 年各年技术市场成交合同金额浙江省都是河南的 1 倍多，这体现了浙江省的创新扩散能力明显强于河南省，还反映出浙江创新创业带动能力强于河南。

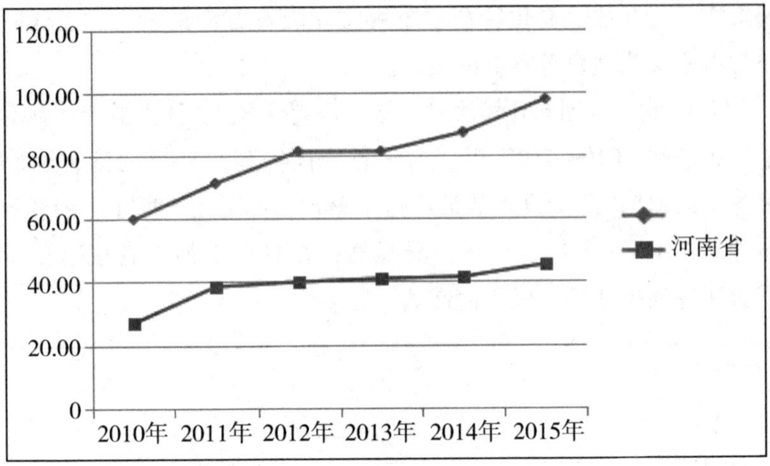

图 6　2010—2016 年浙江省和河南省技术市场成交合同金额比较

（5）豫浙两省区域创新能力评价总结。通过以上四个维度的比较，能看出河南省、浙江省两省区域创新能力悬殊，浙江省创新能力远高于河南。浙江省的创新投入、创新产出、创新环境、创新扩散能力的四个代表指标都是高于河南省（如表 2 所示）。

表 3　豫浙两省区域创新能力比较

评价维度	指标	两省比较
创新投入	R&D 经费投入（亿元）	浙江高于河南
创新产出	国内专利申请授权数（件）	浙江高于河南
创新环境	高等学校 R&D 人员合计（人）	浙江高于河南
创新扩散	技术市场成交合同金额（亿元）	浙江高于河南
结论：浙江省区域创新能力远高于河南		

（三）豫浙文化对创新创业意愿和水平的影响

不同区域文化孕育出不同的经济人格，并形成具有地域特色的商业气质。区域文化环境是影响区域创新创业水平高低的关键因素，左右着所在区域创业创新发展进程。浙江、河南两省文化对各自区域内创新创业活动产生深远影响，主要体现在以下几个方面。

1. 区域文化影响创新创业意愿

地域文化是一种重要的精神文化资源，是区域经济社会发展的文化根基，对区域创新创业主体的思想和行为具有导向功能，豫浙文化差异影响两地的创新、创业的意愿。豫浙文化差异是解释河南省、浙江省创新创业个体的创业质量、水平差异的深层次原因。研究和实践都表明，浙江文化更有利于企业家群体的培育，其社会成员具有较强的创业意愿，而河南省封闭保守的“农耕文化”导致个体创新创业的意愿普遍较弱。特定区域大学生的创业意愿在一定程度上代表着地区创业发展的潜力，以大学生创业意愿为中心分析豫浙地域文化对两省创业创新活动的影响。

为深入考察区域文化对河南创新创业的影响，对洛阳师范学院的学生采取网上+线下相结合形式进行调研，学生选自商学院、政法与公共管理学院、文学院、物理学院、数学学院、外国语学院、历史文化学院、生命与科学学院、电子商务学院，5个文科学院、4个理科学院。纸质问卷共发放800份，回收有效问卷750。被调研的大学生21.3%的明确表示不会选择自主创业，主要原因有“希望获得稳定的工作，将参加公务员、招教、考研等考试”“对创业不感兴趣”“家庭不支持”“失败的后果难以承担”“存在着较重的心理负担”“较弱的资金支持”等。9%同学选择自主创业，选择创业的主要原因有“严峻的就业压力的影响”“冒险尝试心理的鼓舞”“创业收入丰厚的刺激”。可见“求稳怕变”“官本位”等区域文化观念仍然影响着河南人的创业意愿。

著者选择义乌工商管理学院的学生进行了考查。义乌工商管理学院早在21世纪初就形成了大学生创业潮。义乌工商管理学院的学生在浙江浓厚的创新创业文化氛围以及学校的支持激励等影响下，上学期间就纷纷创业，2008年年底全校8000多名学生中，创业的有1800多人，其中1200多人在淘宝网上开店，而400多人是钻石级卖家，人均月收入几千元，做得好的纯收入上万元。60%的学生能够自理生活费，20%的学生能自己交学费。

洛阳高校学生愿意创业者很少，成功者更是凤毛麟角。造成的原因本文认为更多是区域文化环境的差异。浙江义乌工商管理学院党委副书记、副院长贾少华带着我们参观了他们的创业实验室，仅为一间放30张小课桌的小教室，和其他教室的区别是这间教室的每张桌子下面有一根网线和电源插口。贾书记告诉我们每年都有来自全国各地的高校来学习，不少高校的创业实验室建的非常豪华，他说“那叫就业不叫创业，创业需要艰苦奋斗的”。他说在浙江一带孩子18岁后还啃老会被亲朋好友耻笑的。本文认为正是这种社会文化氛围驱动着浙江高校学生创业的。此外，浙江教育主管部门和高校在制定政策时敢于大胆创新，敢于突破常规。如为了最大限度地激励学生创业，义乌工商管理学院提出“学习好的是好学生，创业好的更是好学生”口号。学校给班级成绩第一名学生的奖学金是2000元，而给参加网络创业竞赛学生的最高奖金为2万~10万元。为鼓励学生创业，2007年11月就成立了淘宝实验室，打破了专业界限，跨专业招收创业有一定基础的学生，制定特色课程。除此之外，义乌工商管理学院还出台了《学生勤工助学实施办法》《关于鼓励与引导学生创业的若干规定》等制度，创业学生可以通过网上交作业、个别辅导、单独考试等形式修完课程，而且创业实践可以抵学分；学生有一半学分可用网上创业的业绩折算。①

本文通过对洛阳高校和义乌高校的大学生创业意愿和创业能力的比较，也验证了上述观点。洛阳高校学生愿意创业者很少，成功者更少，而义乌高校大学生创业意愿强，成功率高。造成的原因多方面的，但区域文化环境差异是关键因素。

2. 对中小企业发展的影响

一是豫浙文化差异影响着企业的制度形式与效率。按照文化维度理论进行的相关研究表明，具有集体主义文化气质的区域，一方面因产权不明晰导致经济效率下降，另一方面因过分地维护集体利益，而降低了个体创新的积极性。从豫浙文化对比来看，河南省文化表现出明显的集体主义倾向，受计划经济的影响更深，地区的创新能力不如浙江；而浙江文化中具有开放性、实用性、工商并重等文化特征，企业也多为个体经营，产权明晰，行政干预少，企业活力和创新能力强。

---

① 义乌工商管理学院鼓励大学生网上创业［EB/OL］. http://hot.36578.com/a/20110914/246690.html.

二是影响着企业家精神的培育和企业家群体的形成。浙江文化表现出较强开放、冒险、创新、合作等意识，企业管理中更重规则、重法律、重市场化运作，这些观念有利于企业家精神的培育和企业家群体的形成。根据熊彼特的解释，企业家精神包括“首创精神”“冒险精神”“成功欲”“精明理智”等，具有这些文化精神的地区更易形成企业家群体。浙江省的区域文化所表现出的“冒险进取”“功利主义倾向”等文化特征与企业家精神具有内在的一致性，这是近代以来浙江形成一大批优秀企业家群体的文化基因。反观河南省，一方面封闭保守，对西方现代企业管理制度学习借鉴不足，企业管理中对规则、法律、市场化运作等重视程度不够，另一方面受儒家文化的影响较深，企业在管理中更注重伦理道德、纪律的约束，用人上重德、重亲、轻才；激励方式上，平均主义的影响较深。

中原文化中也蕴含有不利于创新创业活动开展的文化基因，主要表现以下几个方面：一是规避风险意识较强，河南因长期受儒家文化的熏陶，“中庸”成为普遍的处世哲学；二是受“重农贱商”观念影响较深，很多具有创新精神、创业能力的人才选择从政而不愿意从事创新创业活动；三是鼓励创新、宽容失败的社会文化氛围不浓；四是重人情轻规则，河南长期受封建专制思想和人治理念的影响，人情观念渗透到生活的方方面面；五是受“安贫乐道”“求稳怕变”观念影响较深，制约着企业家人格的培育，也不利于创新思维模式的培育。

3. 洛阳关林市场与义乌小商品城创新力比较

洛阳关林市场与浙江义乌小商品城是20世纪80年代我国两个比较大的小商品批发市场。关林因为传说这里供奉着三国名将关羽的首级而闻名天下，每年春季海内外的华人都会到关林祭拜。因关林庙香火旺，交通便利，明代万历年间关林市场就已经形成，关林市场20世纪80年代曾是全国三大批发市场之一。目前关林市场和20世纪90年代相比基础设施确实得到改善，但目前已经远远落在义乌后面。电子商务、高铁经济、发达的物流网络早已将单一集散地型批发市场的价格优势削减到最低，这正是关林市场从20世纪80年代全国小商品集散地衰落到地区性小商品集散地的重要原因，如今到关林批发货物的商人，主要是来自洛阳周边县市区。义乌中国小商品城属产地型和集散型批发的混合，而这是洛阳关林不能比的。批发市场的空间布局有三种基本形态，即初级的“一字型”街市，中级的“片区型”集市，高级的高层贸易中心。关林市场还处于街市、片区集市的混合，而义乌中国小商品城早已是高层贸易中心。

浙江义乌中国小商品城创建于1982年，30多年间，经历了10次扩建，5次易址，商品市场规模不断扩大。2000年义乌中国小商品城开始积极实施国际化发展战略。2002年5月9日浙江义乌中国小商品城集团股份有限公司股票上市成功，成为亚洲最大的小商品批发市场，2005年在国外销额就达208亿元，商品国外销售比例达到58.7%①。2009年实现成交额412亿元，90%以上的商户发生外贸供货业务，商品出口到210多个国家和地区，约有3000余个企业设立有国外销售点。② 目前，义乌中国小商品城拥有营业面积550余万平方米，商位7万多个，从业人员21万多，日客流量21万余次，经营26个大类、180多万个单品，成了国际性的小商品流通、信息、展示中心。③

近年来，媒体多次将关林与义乌进行比较，关于二者差距越来越大的原因有多种说法，有说关林市场发展缓慢是因为缺乏科学的发展规划。为推动关林市场的发展，洛阳市政府也采用了许多举措，如修建了宝龙商贸中心，用地下商业街打通了新、老两个市场。义乌通过电子商务为平台，将市场规模扩展到了全世界，洛阳市效仿义乌发展电子商务，建立了阿里巴巴电子商务中心。本文认为造成义乌中国小商品市场与洛阳关林市场差距越来越大除上述原因外，所处于地域环境、区域文化、区域创新能力等差异是根本原因。

4. 豫浙文化差异对两地创新创业宏观层面的影响

（1）豫浙文化差异影响政府管理方式选择。河南省受“官本位”观念影响比较深，政府对企业的行政干预明显较多，使市场配置资源的作用不能充分发挥出来。政府对企业的地位重视不够，不利于企业家精神的培育，也不利于形成创新创业文化氛围。在浓郁“亲商”“重商”社会文化氛围影响下，浙江区域内创新创业比较活跃。地方政府具有较强的求新务实精神，行政干预较少，重视市场对资源配置作用的发挥，重视企业和企业家在地方经济发展中的作用，

---

① 余琼蕾，范钧．从义乌中国小商品城看我国大型专业市场的国际化［J］．商场现代化，2006（28）：4.

② 曹晶晶．义乌专业市场国际化发展策略研究［J］．生产力研究，2011（2）：112.

③ 陈文玲．义乌报告［M］．北京：中国经济出版社，2009：36－37.

制定的政策有利于企业家成长和企业创新发展。

（2）豫浙文化差异影响创新创业文化氛围。“无浙不成商”，浙江有悠久的工商文化传统，浙东事功学思想主张发展工商业；宋代以来，温州人“其货纤靡、其人多贾”“民生多务于贸迁”也是这一文化传统的生动写照。此外，浙江“工商皆本文化”体现的是社会成员普遍具有勇于冒险、开放思维、宽容失败、支持创业的态度，这是浙江地区创新创业水平走在全国前列，能形成举世闻名“浙商”群的文化基因。在“重商”“羡商”社会文化氛围下，创新创业主体较容易获得社会的精神和物质支持，创新的成果更易被社会所接受。

河南地处中原，长期以来受“以农为本”“重农抑商”等观念影响较深，受“耻于言利”“官本位”等观念影响较深，“不愿冒险”“官本位”等思想也影响着创业主体的创业热情，无形中增加了他们创新创业的压力。浙江和河南私营企业的数量，查阅 2015 年和 2016 年的《国家统计年鉴》，如表 4 所示，浙江私营企业的数量几乎是河南的 4 倍左右。

表 4　2014 年和 2015 年浙江省和河南省私营企业数量

省份	2014 年	2015 年
浙江	937635	1041206
河南	199133	252278

四、对创新创业交流合作的影响

首先，河南省受“封闭保守”“安土重迁”等文化观念影响，导致人才、技术等流动性不如浙江，不利于引进、吸收外来人才及借鉴外来技术和创新成果，不利于形成开放的治理结构、区域间和区域内部的交流和合作机制。与浙江文化相比，河南省文化更厚重，历史积淀更深，形成了很强的“文化定势”，不利于河南省对先进经验和文明的引进和借鉴。相反，浙江省文化中的开放意识强，企业家的视野开阔，有利于形成人才、技术、资金等方面的合作。

五、优化河南创新创业文化环境的若干思考

创新创业日益成为一个国家或地区经济发展的重要驱动力，“大众创业、万众创新力争走在全国前列”是河南省“十三五”期间的重要发展目标。创新创业活动的开展关键在人，而区域文化深刻影响着人的思维模式和价值取向，国内外很多学者都认同美国活跃的创新创业背后是文化的作用观点。区域文化对创业文化的形成与发展产生着重要影响，就河南省而言，中原文化对创业文化建设是积极与消极影响并存的，在当前大力推进“大众创业、万众创新”、营造创业文化环境背景下，立足中原文化优势，营造出一个鼓励创新、冒险、容忍失败的社会文化氛围是必然选择。

（一）吸纳、借鉴浙江区域文化建设经验

独特的经济人格是浙江省创新创业比较活跃的根本因素，区域文化赋予了浙江地区独特的经济人格，推动着创新创业活动的发展。

一是吃苦耐劳、奋发图强是脱贫致富的关键。浙江人创业成功率较高除了头脑灵活、有胆有识外，最重要的品质就是不怕苦、不怕累，“白天当老板，晚上睡地板”在浙江人中是非常普遍的现象。相比之下，河南还存在部分人宁愿下岗待业、失业，也不愿干不“体面”工作如服务性行业等。

二是敢为人先是创新创业成功的基础。浙江人创新创业意识强，“老板情结”较重，做受人尊重的老板是浙江人的普遍诉求，也是浙江商人创新创业非常活跃的重要驱动力。浙江人“敢为天下先，争做时代弄潮儿”，不仅走向全国，还走向世界。受“安贫乐道”“求稳怕变”等观念影响较深，害怕冒风险、恐惧改变目前仍是河南人的普遍心态，这是河南创业创新不如浙江的因素之一。

三是团结合作是做强做大的武器。浙江信奉“以和为贵”，重视团队合作。浙江人团队意识比较强，相互分享创业机会，相互融资，共渡难关。浙江人共同出资在全国各地建立商会、行业组织，为浙商搭建合作交流、互帮互助的平台，各地浙商群形成发展的强大合力，仅浙江温州就建立起“中国鞋都”“中国锁都”等30多个国家级生产基地。目前，浙江商圈“经济共同体”合作模式已经形成，依托商会形成的诚信担保投资就是浙江“经济共同体”的一种特有形式。

（二）立足于中原文化培育创新创业文化

中原地区创业思想具有悠久的发展历史，为河南创新创业文化建设奠定了坚实基础。春秋末年的大商人范蠡、战国时期的白圭等商业精英，为我国商业文化的繁荣做出了巨大贡献。范蠡（公元前536年—公元前448年），春秋时期楚国宛地三户（今河南淅川县滔河乡）人，“十九年之中三致千金，再分散与贫交疏昆弟。此所谓富好行其德者也。后年衰老而听子孙，子孙修业而息之，遂至巨万。故言富者皆称陶朱公。”（《史记·货值列传》）白圭，战国时期河南洛阳人，著名的理财家，司马迁称“盖天下言治生祖白圭”，《汉书》中称他是经营贸易的理论鼻祖，以经营之术授徒，且只向他认为有培养前途的人传授致生之术，“智不足与权变，勇不足以决断，仁不能以取予，强不能有所守，虽欲学吾术，终不告之矣。”白圭的经商理论，对后世产生深远影响，宋景德四年真宗封他为“商圣”。此外，源远流长的中原文化还造就了河南人“诚实守信”“吃苦耐劳”“自强不息”等优良品质，应充分挖掘中原文化中有利于创新创业精神形成的元素，把传统文化精华融入河南创新创业文化建设中，用先进文化改造传统文化中不利于创新创业的因素：一是变安贫乐道为创业求富精神。通过创新创业教育，引导大众树立致富光荣、创业光荣意识，在遵守道德规范、法律法规前提下鼓励冒险创新。二是变“求稳”为开拓创新精神。“求稳”等心理定式仍影响着河南人，培育创新创业文化就要引导人们树立敢冒风险、开拓创新观念。三是变保守为勇于争先。“枪打出头鸟”“出头的椽子先烂”等观念仍影响着河南的思维方式和价值判断，要引导大众思想解放，营造“争当出头鸟”“敢为天下先”的文化氛围。

（三）进一步加强创新创业教育

创新创业教育在培养创新精神、提高创业意识、营造创新文化环境等方面具有不可替代的作用，加强创新创业教育是国内外教育发展的基本趋势。美国等一批发达国家已建成了涵盖从初中、高中、大学本科到研究生的一整套创新创业教育体系。

一是把中原文化融入创新创业教育。河南要实现“大众创业、万众创新力争走在全国前列”的发展目标，形成浓郁的创新创业文化氛围，加强创新创业教育势在必行。据笔者对洛阳师范学院的调研，商学院的学生选择自主创业的比率高于其他学院，这与商学院重视创新创业教育有密切联系。河南在开展创新创业教育时要立足文化优势，一方面将传统商业文化融入课程体系，把自强不息、重诚信、追求合法利润等观念融入创业文化建设中；另一方面通过创业教育提高大众的创新意识，扭转“学而优则仕”等观念的不利影响。高等院校要充分发挥创新创业人才培养方面的中坚作用，把创新创业教育纳入文化素质、专业等教育中，举办丰富多彩的创业实践活动，营造认同、理解、支持创业，鼓励创新冒险的文化氛围。

二是积极推进产学研一体化建设。政府应不断完善产学研一体化发展方面的扶持政策，为高校与企业合作发展提供良好的环境。政府牵头，高校参与，企业支持，积极推动产学研一体化建设，推动共同发展。高校创业教育的成功有依赖于企业的支持与合作。通过产学研的合作，高校为企业提供知识、智力支持，企业为高校提供创业实习基地，以及创业项目的资金支持、就业岗位等。

三是提升创业师资建设水平。通过专兼结合解决高校创业师资普遍短缺、实战经验不足等问题，提升创业师资建设水平。专兼职结合就是高校通过加强与企业的合作，一方面引进、聘请企业精英担任兼职创业教师，另一方面鼓励有创业兴趣、意向的教师进行创业或到企业工作或挂职，提升教师的创业创新教学能力。

（四）营造鼓励创新宽容失败的社会文化环境

社会文化环境直接影响创新创业主体的思维模式和行为方式，只有改善创业社会文化环境，才能激发创新创业者的创业主动性和积极性以及成功率。推动区域创新创业的发展，不仅需要培育大众的创新精神，更需要形成一个良好创业社会文化环境，但在河南人的文化观念体系中占主导地位的不是创业文化而是守业文化，不是创新文化而是求稳文化，优化河南创新创业文化环境，营造鼓励创新宽容失败的社会文化环境是关键。创业具有较大的不确定性，创新创业主体要具有敢于挑战权威、不怕失败精神，河南省政府要在营造崇尚创新创业文化氛围方面下功夫，强化民众创新创业精神的培育，倡导开放、创业文化观念，促使民众改变“小富即安”“求稳怕变”观念，采取灵活多变的物质和精神激励举措激发年轻人创新创业；还要提升大众的法律意识、规则意识、诚信意识。改善创新创业社会文化环境，还需要转变家长的择业观念，家长观念直接影响着孩子的价值观、性格。受传统观念的束缚，河南家庭教育观念还较保守，家长总想让孩子有个铁饭碗，不愿让孩子吃苦。

营造创新创业社会文化氛围需要全社会共同努力。首先，优化创业宏观环境。社会舆论及媒体的价值导向应增加对创新创业成功者的宣传力度，扭转人们的偏见以及狭隘认识。其次，重视商业文化环境的培育。浙江“全民皆商”文化氛围熏陶出浙江省层出不穷创业者。在浙江经济发展中，发端于草根的民营企业发挥了重要作用，民营企业、个体工商户占到工业企业总数的九成以上。第三，转变“官本位”观念，强化创业意识。此外，还要大力推进创新创业服务建设。

附录1：大学生创新创业调查问卷

尊敬的先生/女士：您好！

为了解区域文化对创新创业的影响，我们以河南和浙江的大学生为研究对象开展了这次问卷调查。该问卷所得数据纯属用于研究，您的回答对我们非常重要，烦请您认真如实填写，问卷采用无记名方式填写，我们承诺对您填写的所有信息保密，衷心地感谢您的支持！

第一部分：个人基本信息，请在适当的地方打"√"

1-1：您的性别：

A）男　　B）女

1-2：您目前就读于：

A）大一　　B）大二　　C）大三　　D）大四

1-3：父母职业：

A）农民　　B）企业单位工作　　C）行政

D）自己办企业　　E）其他

1-4：您的家境状况：

A）很差　　B）一般

C）比较好　　D）很好

1-5：直至20岁前您最长时间居住的城市是：

A）浙江　　B）河南　　C）其他

第二部分　区域创新创业文化调查

2-1：在您选择一份工作或将来选择一份工作时，您最看中的是？

A）薪酬　　B）与自己的爱好专业相符　C）职业发展
D）公司知名度　E）社会地位

2-2：您毕业之后的打算是?

A）就业　B）自主创业　C）自由职业　D）其他

2-3：你怎样看待大学生自主创业?

A）不关注，每个人都有自己的生活追求
B）风险大，缺乏社会实践经验，不容易
C）支持，对社会有积极的影响
D）反对，应该选择一份稳定可靠的工作

2-4：您的父母认为你毕业之后理想的工作是什么?

A）政府及事业单位　B）自主创业
C）企业就业　D）其他

2-5：您周围的创业情况如何?

A）很多　B）一般　C）较少　D）其他

第三部分　个人创新创业调查

3-1：现在的您是否有创业的打算?

A）完全没有　B）有创业想法
C）正在准备创业　D）已经创业

3-2：您打算将来在哪里创业?

A）自己的家乡　B）北上广等一线城市
C）二线城市　D）三线城市

3-3：您是否愿意付出一些经济收入和时间，来换取实现创业想法的机会??

A）愿意　B）不愿意　C）还没想好

3-4：如果创业，您创业的首要出发点是什么??

A）解决就业　B）获取更多财富
C）挑战自我，实现自我价值　D）寻求刺激
E）其他

3-5：如果创业，您会选择哪种方式?

A）合伙创业　B）家庭创业

C）自主创业　　D）其他

3－6：如果创业，你认为最容易遇到的困难是？（可多选）

A）资金不足　　B）经验不足，缺乏社会关系

C）没有好的创业方向　　D）家人反对

E）面对风险心理承受能力不足　　F）其他

3－7：创业启动资金的主要来源？（可多选）

A）家庭和亲戚朋友的支持　　B）自己课外赚

C）向银行贷款　　D）风险投资

E）几个人合伙融资

3－8：如果创业，那么您会选择哪个领域？

A）与自身专业相结合的领域

B）自己感兴趣的领域

C）热门的方向发展如软件、网络等高科技行业

D）启动资金少、容易开业且风险相对较低的行业

3－9：当您在创业过程中发现资金不足等财务问题时您会？

A）向政府部门申请资金　　B）向银行贷款

C）吸引风险投资　　D）向亲朋好友借钱

D）向亲朋好友借钱　　E）自己积累

F）其他

3－10：您认为大学生创业最需要的是什么？（可多选）

A）个人强烈的创业价值观念

B）大学生科技创业基金支持

C）学校提供的各类创业培育和服务

D）得到社会化专业化的管理和服务

3－11：您认为创业教育最好的方法是：

A）请成功人士讲授创业经验

B）到创业成功企业实地参观考察

C）请专家讲授理论

D）创业模拟训练

3－12：您希望通过怎样的途径获得创业方面的知识和技能？

A）老师授课　　B）创业实践活动

C）亲身实践　　D）其他

3－13：您对国家出台的扶持大学生自主创业方面的相关政策和法规：

A）经常关注，时时留意

B）偶尔关注，比较了解

C）不关注，但知道一点

D）一点也不知道

3－14：您对高校大学生创新创业教育有什么意见和建议？

附录 2：文化对创业创业影响访谈提纲

1. 被访谈者基本背景企业名称、所在部门、职务、企业发展状况、老板的经历与创业过程。

2. 您认为这个地方的思想观念与浙江（河南）人相比有什么特点？

3. 您觉得一个人创业需要有什么品质？这是与生俱来的吗？

4. 您周围这样的人和事迹多吗？能否举几个例子。

5. 您这个地方有没有经商的传统？

6. 您了解这个地方主要的传统思想根源吗？

后 记

本书是著者在主持完成的6项省级课题的中期、最终成果基础上修订出版的，共分三篇，即“经济篇”“文化篇”“文化与经济篇”。

“经济篇”部分的两篇文章，即《河南省粮食消费结构变迁探析》、《河南农村消费结构升级及其驱动机制探析》是参考主持完成的2个河南省政府决策研究课题“河南省粮食消费结构的变化情况和趋势分析”（2013B241）、“河南省农村家庭消费动力机制研究”（2009B146）的最终成果撰写而成的。《河南省粮食消费结构变迁探析》补充了2013年以来的数据，《河南农村消费结构升级及其驱动机制探析》由原来9万多字压缩到3万多字，补充了2009年以来的文献资料。呈现在大家面前的2篇文章从数据、研究方法到结论都是全新的。

“文化篇”部分的4篇文章，即《角色认同与职业操守—河南省教师文化建设的反思与重构探析》《河南中小学教师文化建设现状及对策研究》《高校优化校园文化建设的路径探析》《高校构建绿色教育体系的路径探析》是在主持完成的2个河南省教师教育课程改革研究项目“角色认同与职业操守—河南省教师文化反思与重构探究”（2013－JSJYZD－035）、“河南中小学教师文化建设现状及对策研究”（2016－JSJYYB－066）的中期成果、最终成果基础上深度修改而成的。

“文化与经济篇”部分，《我国低碳消费文化建设路径探析》《我国低碳城市文化支撑体系构建的反思》《洛阳旅游低碳文化建设浅析》3篇文章是主持完成的河南省哲学社会科学规划项目“河南省低碳消费模式构建研究”（2011FJJ039）的中期成果；《河南创业文化建设与中原文化的融合探析》和《豫浙文化差异对区域创新创业发展的影响研究》2篇文章是河南省政府决策研究课题“豫浙文化差异对区域创新创业的影响”（2016B232）的中期成果和最终成果。

在本书稿付梓之际，回想起10年来进行科学研究、申报各种课题的过程感慨良多，做研究的过程是一艰辛又快乐的过程。说“艰辛”，2008年8月至2010年12月是我人生备受考验的一段时光，2008年5月开始担任洛阳师范学院商学院副院长一职，主管教学工作；6月博士毕业，8月进入到华中师范大学在职进行博士后研究工作，这一时期要同时履行多项职责。首先，作为老师，必须站稳讲台，完成学校规定的教学和科研工作；其次，作为学校中层管理者，必须履行好管理职责。初做行政管理不仅缺乏经验而且教学管理工作极为烦琐，又恰逢学校大力推进教学改革之际，耗费了大量时间和精力；第三，为人妻、为人母，有繁重的家务拖累；第四，作为学生，必须完成做博士后研究工作。为履行好各项职责，我每天仅休息4~5个小时，在同事、恩师、亲友等支持和鼓励下，不仅站稳了讲台、管理工作得到了师生员工的认可、孩子成绩一直比较理想，而且顺利完成了博士后研究工作，期间还申请了多项研究课题，其中2009年主持立项的河南省政府决策研究课题“河南省农村家庭消费动力机制研究”是我主持成功立项的第一个省级课题，该课题的申请过程至今还历历在目，是在办公室内利用别人午休时间论证的。说“快乐”，多个省级课题的成功完成，不仅提高了教学能力，树立了学术自信，还从中获得了无限乐趣。年初把主持的几个河南省政府决策研究课题、河南省教师教育课程改革研究项目的中期成果、最终成果汇总起来，拟集结成书，发现很多地方都需要斟酌，于是参阅了大批文献资料进行了深度修整。

本书在调研、资料收集等过程中，在草稿形成过程中得到了洛阳师范学院闫红娟、张淑芳、李培敬、卢爽、王东峰等一批老师及洛阳师范学院商学院一批学生的帮助，在此一并表示感谢。

本书虽历时多年属“慢工活”，但书中观点能否得到学术界的认可仍无把握，敬候各位读者、专家的指正。

郭立珍

2017年9月于洛阳